国家"十二五"科技支撑计划课题"产业升级与结构调整的土地配置与调控技术研究（编号：2013BAJ13B00）"研究成果

天津市建设用地使用标准体系建设与实践

主　编　陆方兰　刘汉青
副主编　黄志基　陈　鹏　王绍艳　吕晋美

南开大学出版社
天　津

图书在版编目(CIP)数据

天津市建设用地使用标准体系建设与实践 / 陆方兰，
刘汉青主编. —天津：南开大学出版社，2017.4
ISBN 978-7-310-05349-0

Ⅰ.①天… Ⅱ.①陆… ②刘… Ⅲ.①城市建设－土
地利用－标准体系－研究－天津 Ⅳ.①F299.272.1

中国版本图书馆 CIP 数据核字(2017)第 064995 号

南开大学出版社出版发行
出版人：刘立松
地址：天津市南开区卫津路 94 号　　邮政编码：300071
营销部电话：(022)23508339　23500755
营销部传真：(022)23508542　　邮购部电话：(022)23502200
＊
唐山新苑印务有限公司印刷
全国各地新华书店经销
＊
2017 年 4 月第 1 版　　2017 年 4 月第 1 次印刷
260×185 毫米　16 开本　9.5 印张　232 千字
定价：38.00 元

如遇图书印装质量问题，请与本社营销部联系调换，电话：(022)23507125

前　言

2012 年 3 月国土资源部发布的《关于大力推进节约集约用地制度建设的意见》（国土资发〔2012〕47 号）和 2014 年 9 月实施的《节约集约利用土地规定》在对加强我国建设用地节约集约利用提出明确规定的同时，还提出了加快地方建设用地使用标准体系建设的具体要求。加强建设用地使用标准体系建设，是贯彻落实节约优先战略，坚持节约集约用地指导方针、完善土地管理制度的重要体现。

当前阶段，除北京、上海、广州等经济发达地区具备相对较为完备的建设用地使用标准体系外，我国大部分地区的建设用地使用标准体系尚有待进一步发展完善，而标准体系建设的内容、思路和方法，是各地推动地方标准体系建设面临的重大难题。由于国外较少发布专门的建设用地使用标准体系，国内尤其是地方层面，有关建设用地使用标准体系建设内容与方法方面的书籍相对较少。《天津市建设用地使用标准体系建设与实践》的编写和出版，不仅一定程度地弥补了国内外相关领域的空白，还将有利于天津市及其他地区建设用地使用标准的完善，且对于天津市地区推行最合理、最有效的节约集约用地政策具有较大的实践参考意义。

全书共分为 23 个章节，第一章至第三章主要论述了本书编著背景、参考的基础理论、国内外标准体系建设的研究现状；第四章介绍了天津市土地利用、经济、社会、人口等方面的基本概况；第五章阐述了天津市建设用地使用标准体系建设的指导思想、总体目标、基本原则、依据和方法，以及标准体系的设计思路及主要内容；第六章重点论述了天津市工业项目建设用地控制标准建立的思路和方法，以及工业项目建设用地指标标准值的确定情况；第七章至第二十三章主要论述了天津市 17 项工程项目建设用地控制标准体系建立的思路和方法，以及各工程项目建设用地指标标准值确定的具体情况。

本书可作为大专院校、科研院所等单位土地资源管理及相关专业的参考教材使用，以弥补该领域教学用书的空白。相关国土从业工作人员、土地使用者也可使用本书，加深对《天津市建设项目用地控制指标》的理解，增强节地意识。

本书的编者均为长期从事国土管理顾问咨询服务工作的专业人员，具有较为丰富的实践经验和系统的专业知识基础。书中观点主要来源于实践，并充分参考了政府、国土资源管理部门、各行业土地使用者、高校科研人员的宝贵意见和建议。但受限于编者当前的学识能力和写作水平，书中难免仍有疏漏和不足之处，敬请各位专家、学者和同仁批评指正！

编　者

2016 年 3 月

目 录

第一章 绪论

第一节 基础概念的界定

一、建设用地（Construction Land）

建设用地是人类生产和生活的重要场所，包括建造建筑物、构筑物所占用及其使用范围内的土地，包括国有土地或征用的集体土地。它利用的是土地的承载力，把土地作为生产基地、生活场所，包括城镇、村庄、工矿、交通、水利工程、公用设施及军事、旅游等各项用地。其中，直接为农业生产服务的建设用地，如排灌沟渠、田间道路等，称为农业建设用地；其他则为非农业建设用地，也称为建筑用地。

二、建设用地使用标准（Standards for the Use of Construction Land）

所谓标准，是对重复性事物和概念所做的统一规定，它以科学、技术和实践经验的综合为基础，经过有关方面协商一致，由主管机构批准，以特定形式发布并作为共同遵守的准则和依据。建设用地使用标准是国家、地方、相关行业主管部门发布实施的统一用地标准，它既是工程项目设计，建设项目准入，土地规划、审批和供应及土地开发利用监管的重要准则和基本尺度，也是用地单位、设计单位、相关行业主管部门遵照执行的重要政策依据和制度规范，如《工业项目建设用地控制指标》，以及公路、铁路、民用航空运输机场、电力、煤炭、高等教育、仓储等工程项目建设用地控制指标。

三、标准体系（Standard System）

标准体系是指一定范围内的标准按其内在联系形成的科学有机整体。与实现一个国家的标准化目的有关的所有标准，可以形成一个国家的标准体系；与实现某种产品的标准化目的有关的标准，可以形成该种产品的标准体系。标准体系的组成单元是标准。标准体系应具有以下特性：目的性，即每一个标准体系都应该是围绕实现某一特定的标准化目的而形成的；层次性，即同一体系内的标准可分为若干个层次，反映了标准体系的纵向结构；协调性，即体系内的各项标准在相关内容方面应衔接一致；配套性，即体系内的各种标准应互相补充、互相依存，共同构成一个完整整体；比例性，即体系内各类标准在数量上应保持一定的比例关系；动态性，即标准体系随着时间的推移和条件的改变应不断发展更新。

第二节　建设用地使用标准建设概述

一、问题的提出

完善土地管理制度，坚持节约集约用地的指导方针，是转变经济发展方式和土地利用方式的重要内容。近几年国家围绕严格土地使用标准大力促进节约集约用地方面，陆续发布了《关于促进节约集约用地的通知》（国发〔2008〕3 号）、《关于贯彻落实〈关于促进节约集约用地的通知〉的通知》（国土资发〔2008〕16 号）、《关于大力推进节约集约用地制度建设的意见》（国土资发〔2012〕47 号）、《关于严格执行土地使用标准大力促进节约集约用地的通知》（国土资发〔2012〕132 号）、《国土资源"十二五"规划》等重要文件。

文件要求各地建立健全建设用地使用标准控制制度,逐步形成覆盖城乡、覆盖各类产（行）业的建设用地使用标准体系；建立土地利用评价考核制度，定期开展开发区土地集约利用评价和城市建设用地节约集约利用潜力评价，作为科学用地管地、制定相关用地政策的重要依据；要求各地按照节约集约用地的原则，在严格执行国家颁布的土地使用标准、满足功能和安全要求的前提下，结合本地土地资源条件、经济社会发展水平、产业发展规划等，抓紧研究制定或修订完善土地使用标准。

按照国土资源部相关要求，2012 年，天津市先后完成开发区土地集约利用评价、单位GDP 建设用地下降目标年度评估、城市建设用地节约集约利用潜力评价等不同层级下的节约集约利用评估工作。同年 12 月，天津市根据国土部 132 号文件提出的工作要求，对市一级及各区县发布实施的土地使用相关标准进行了全面清理核查。在这些相关工作的基础上，结合天津市实际情况，天津市于 2013 年 8 月正式启动建设用地使用标准修订。

2014 年，国土资源部发布的《节约集约利用土地规定》则进一步明晰了节约集约利用土地的基本内涵，即"通过规模引导、布局优化、标准控制、市场配置、盘活利用等手段，达到节约土地、减量用地、提升用地强度、促进低效废弃地再利用、优化土地利用结构和布局、提高土地利用效率的各项行为与活动"，并再次明确提出了制定各类用地控制标准，且建设项目用地审查、供应和使用应符合控制标准和供地政策的要求。在此基础上，天津市加快了建设用地使用标准修订建设历程。

二、内涵意义

严格执行各类土地使用标准，是落实土地使用标准控制制度的重要内容，是深入贯彻落实中央指示精神，实行最严格的节约集约用地制度的必然要求，是促进转变土地利用方式和经济发展方式的有效措施，也是未来一个时期土地管理工作的关键点。天津市建设用地使用标准修订工作的开展，主要具有以下四方面的重要意义。

1. 项目工作的开展，有利于缓解土地供需矛盾

当今，天津市经济社会发展已经进入加快转型的新历史时期，建设用地需求仍处于持续增长阶段,严格保护耕地与保障发展用地之间的矛盾愈显突出。以 2011 年土地供应情况为例，

全市国有建设用地供应总量 7977 公顷，其中新增建设用地控制在 4786 公顷，存量建设用地占比超过 40%。按综合容积率 0.7 计算，将项目用地容积率标准提高 0.1，即相当于在全市增加近 550 公顷用地指标。由此可见，在新增建设用地空间有限、耕地后备资源明显不足、耕地保护压力不断增大的情况下，破解用地难题，全力保障发展，将越来越倚重于土地利用潜力的释放。走节约集约用地之路，提升土地利用强度和效率，进一步释放存量建设用地潜力，解决当前建设用地粗放利用问题，是缓解土地供需矛盾的重要途径。

确立天津市建设项目用地准入标准，建立城乡统一的产业用地和经营性用地节约集约指标控制和考评机制，为土地利用的效率和强度提出了明确标准，可为土地开发利用的绩效评定提供指标依据，利于节约集约用地的量化管理。有了建设用地使用标准并严格执行，土地规划、审批和供应才可以量化，土地利用效果才可以评价考核，土地"流量阀门"才可以严格控制。开创性的建立天津市节约集约用地准入标准，一方面是进一步落实中央领导指示精神和国土资源部工作部署要求，另一方面也将提升全市建设用地利用效率和效益，促进建设用地节约集约潜力的释放，对有效缓解我市土地资源紧张和发展需求的矛盾具有重要的意义和作用。

2. 项目工作的开展，有利于推动产业结构调整和经济发展方式转变

随着经济社会不断发展，"十二五"规划和循环经济发展目标确立，天津市面临产业结构升级优化和城乡一体化发展的重大挑战。目前全市以第二产业用地为主，城乡产业用地规模和强度控制不足，用地效率和效益缺乏考评，低效用地再开发缺乏评估基础。以开发区用地为例，从 2011 年开发区节约集约用地评价结果来看，全市国家级开发区在全国排名均不尽理想，"摊大饼""天女散花"等低强度、低效益、分散化产业用地布局方式在市、县级开发区中仍然普遍存在。加强产业用地集约管理，引导产业用地规模控制、合理布局，有效解决开发区、功能区等重点发展区域产业用地粗放问题，是推动产业结构调整和经济发展方式转变的重要手段。

利用建设用地使用标准的规范控制作用，配合以节约集约用地考评体系的建设，按照适度提高和合理控制的原则，综合考虑天津市产业导向和布局、区域间产业发展水平和差异，优先满足代表产业发展方向的产业用地需求，逐步缩小耗能高、占地大、效益差的产业，强调在优化土地资源配置上有保有压。实行扶优限劣的差别化管理，引导建设用地供应向战略性新兴产业、传统产业升级和优化城乡布局倾斜。

通过建立节约集约用地标准，加强建设用地规模和强度量化控制，实现用地效率和效益评价，建立合理有效的低效用地腾退激励机制。通过此项工作，有利于促进全社会形成节约集约用地意识，促进产业结构优化升级，促进产业布局优化调整，推动经济发展方式转变，有效地落实十八大精神，促进城乡一体化发展。

3. 项目工作的开展，有利于掌握土地管理主动权

加强节约集约用地标准和考评管理，可加强土地管理在建设发展中的主动权。通过建立建设项目用地准入标准，可以更好地推动实现土地利用总体规划和年度计划的管理实施，为规划管控提供有效抓手，为建设用地的节约集约利用提供判断依据，实现从预审、审批、供应到批后建设的全过程监管，有利于在建设发展过程中掌握引导和调控的主动权，对缓解各种用地和管理矛盾，推动土地利用管理主动参与建设发展管控。

第二章　建设用地使用标准建设的基础理论

第一节　基础理论

一、土地报酬递减规律理论

自从人类开始利用土地从事生产劳动，土地报酬递减规律就已经存在了。最早注意这一现象的是生活在 17 世纪中叶的英国人威廉·佩第，他指出一定单位面积的土地生产力有一最大限度，超过这一限度之后，土地产出物的数量就不可能随着劳动量的增加而增加了。土地报酬递减是指在技术和其他要素不变的条件下，对相同单位面积上的土地连续追加投入某种要素所带来的报酬增量迟早会下降。通过土地报酬递减规律，我们可以确定土地利用的最佳集约度和最佳规模。我国人多地少，耕地后备资源不足，在城市化的过程中如何提高土地使用效率、节约集约利用城市土地，关系到经济社会的健康发展。

从土地利用的全过程来看，土地报酬会在一定的技术和社会制度条件下，随着单位土地面积上生产要素的追加投入，先是递增，后趋向递减。在递减后，如果出现科学技术或社会制度的重大变革，就会产生相对低效利用的土地，同时也会使土地利用在生产资源组合基础上进一步趋于合理，则又会转向递增。技术水平与管理水平稳定后，将会再度趋于递减。土地报酬递减的三个阶段也不是固定不变的，随着社会发展和科技水平的提高，这三个阶段也在不断发生变化。我国的土地国情和全球经济一体化的趋势决定了我们必须因地制宜、与时俱进地探求在一定社会生产力水平下单位面积土地获取最大收益的途径，使有限的土地资源能够得到有效的利用。

因此，土地报酬递减理论对于城市建设用地节约集约利用有直接指导作用。在土地利用过程中，依据土地报酬递减规律，在一定社会生产力水平下，依据边际收益等于边际成本的原则，通过科学手段测定最佳的投入点，提高土地报酬由递增到递减的临界限值。

二、级差地租理论

资本主义级差地租是指租佃较好土地的农业资本家向土地所有者缴纳的部分超额利润。它是由优等地和中等地农产品的生产价格高于劣等地农产品的生产价格产生的社会生产价格差额所决定的。级差地租存在着两种形态，即级差地租Ⅰ与级差地租Ⅱ。级差地租Ⅰ是指同时投放不同土地上的资本由于土地肥沃程度和地理位置差异造成的生产率差异而形成的超额利润。级差地租Ⅱ是指连续在同一块土地上追加投资所产生的超额利润。

马克思在对资本主义级差地租理论的批判性吸收的基础上，建立了科学的地租理论。马克思的地租理论认为，级差地租的存在需要有三个条件：一是由自然条件和投资不同而产生的生产率差别；二是土地经营权的垄断；三是以土地所有权与经营权分离为前提的经营权垄断；并且这三个条件是缺一不可的。在我国社会主义条件下，由城市土地位置的差别带来的收益差别以及在同一块土地上连续投资带来的收益差别都是客观存在的；由位置较好的土地稀缺性产生的经营权垄断也是客观存在的，这与特定社会经济制度没有关系，它们是由于土地这一特殊生产要素的特点决定的。此外，社会主义制度的建立，消灭了土地的私有制，但并没有消灭土地所有权。我国宪法第十条规定："城市土地属国家所有。"土地公有制只是土地所有制的一种类型，而不是土地所有权的取消，而且我国城市土地所有权与城市土地使用权是分离的。因此，城市级差地租存在的三个条件在我国全部都具备，从而城市级差地租的存在也就具有客观必然性。

无论是农用地还是城市用地，都存在级差地租。由城市地理位置而形成的级差地租是城市级差地租的主要形式。因为在城市中，级差地租主要是由土地的位置决定的，土地的质量几乎不起什么作用。马克思认为级差地租Ⅱ是集约化经营的结果。城市建设用地节约集约利用，很重要的一件事就是发挥级差地租理论的价值，提高对土地的投入程度，进而提高土地的利用效益。

三、可持续发展理论

回顾 20 世纪人类发展的历程可以发现，地球上发生了三种影响深远的变化：一是人类物质文明高度发达，二是人口的过度增长，三是生态环境遭受严重破坏。由于对自然资源的过度开发以及污染物的大量排放，导致了全球性的资源短缺、环境污染和生态破坏，严重影响了人类的生活质量。在人口急剧增长、资源不断消耗、环境日益恶化的背景下，直到 20 世纪 70 年代，以保护自然为基础，与资源和环境承载力相协调发展的可持续发展才被提到了战略的高度。1992 年联合国环境与发展大会以后，实现可持续发展便成为了世界各国政府之间的共同承诺。不论是发达国家还是发展中国家，人们对可持续发展的提出和实施均表现出强烈的认同感。随后提出了判断土地可持续利用评价的五个标准：（1）土地利用方式有利于保持和提高土地的生产能力；（2）有利于降低生产风险的水平；（3）保护自然资源潜力和防止土地与水质的退化；（4）经济上的可行性；（5）社会可以接受的土地利用方式。

努力寻求一条人口、经济、社会、科技、环境和资源相互协调的可持续发展道路，是人类未来发展的自身需要和必然选择。当前，我国经济社会发展已进入以调整结构、提高效益为主要特征的新的发展阶段，如何实现城市建设用地的可持续利用，是一个涉及众多因素，并兼顾经济、生态、社会等各方效益的系统工程。针对城市建设用地利用的具体问题，寻找城市建设用地可持续利用的客观规律，探讨城市建设用地可持续利用的管理机制、决策机制、法律机制等可持续利用支撑体系是非常必要的。可持续发展理论既是城市建设用地合理利用的重要概念，也是城市建设用地节约集约利用的指导思想和总目标。

四、土地承载力理论

土地承载力研究兴起于 20 世纪中叶，至 20 世纪 80 年代以后，以土地—粮食—人口关系为主的土地承载力研究对全球和区域经济、社会可持续发展做出了积极贡献。早期的土地承载力研究，首先是与生态学密切相关的。早在 1921 年，帕克和伯吉斯就在有关人类生态学研究中，提出了承载能力的概念。土地承载力概念大多是生态学上承载力定义的直接延伸，较有影响的研究是威廉·福格特的《生存之路》，他认为地球上适宜耕种的土地是有限的，即使这些有限的土地，由于世代滥用，生产能力也下降许多，由此断言，地球上土地的负载能力已达极限，耕地太少，已容纳不了现存的世界人口数量，这就是"世界人口过剩论"。20 世纪 70 年代以后，人口、粮食、资源、环境等全球性问题日甚一日，在人口急剧增长（主要是发展中国家）和需求迅速扩张（主要是发达国家）的双重压力下，以协调人地关系为中心的承载力研究再度兴起，并已从土地扩展到整个资源领域。1986 年 9 月，中国科学院自然资源综合考察委员会主持中国土地资源生产能力及人口承载量研究项目提出：土地资源承载能力可以表述为在未来不同时间尺度上，以预期的技术、经济和社会发展水平与此相适应的物质生活水准为依据，一个国家或地区利用其自身的土地资源所能持续稳定供养的人口数。

随着研究领域的不断延伸和扩展，现今，土地承载力不仅仅是指人口承载力，而是趋向于综合承载力的研究。土地资源综合承载力是指在一定时期、一定空间区域和一定的经济、社会、资源、环境等条件下，土地资源所能承载的人类各种活动规模和强度的限度。土地资源不仅仅是指耕地，还包括建设用地在内；承载对象不仅是人口，还包括人类的各种经济、社会活动，如承载的城市建设规模、经济规模、生态环境质量等。

城市建设用地主要有住宅用地、工业用地、商服业用地、交通用地、公共设施用地等几种类型，它们共同承载着城市的全部设施和活动。城市建设用地利用越集约，土地的综合承载力越大。从某种意义上说，城市土地承载力与城市建设用地节约集约利用是反向的两个概念，如果城市建设用地节约集约利用程度过大，城市土地承载力则会突破平衡状态；反之土地承载能力适中的时候，集约利用程度或许偏低，所以能达到承载力和集约利用程度两者的平衡点是城市发展的较理想状态（如图 2-1 所示）。

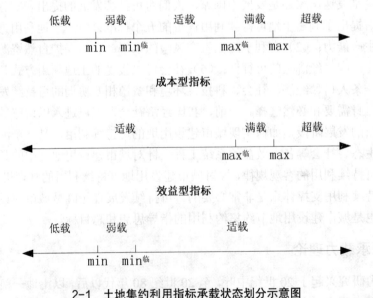

2-1　土地集约利用指标承载状态划分示意图

五、宜居城市理念

宜居城市理念是可持续发展理论的延续，是融合了生态共生观和人性化因素发展起来的。随着时代的发展，人们不断追求更高水平的生活，以满足各自的生存需求。城市应是适宜居住的，人类居住地的概念是在 1996 年的联合国第二次人居大会上提出的。宜居城市是具有良好的居住和空间环境、生态与自然环境、人文社会环境和清洁高效的生产环境的居住地，是指宜居性比较强的城市。

宜居性的核心思想在于全面提高人们的生活质量。人类在发展宜居城市过程中遵循的原则之一是"联系费用最省原则，包括能源、时间和花费等"，这一原则与集约利用原则相辅相成。其中，生态优先的环境，高效节约的土地利用，多样、有机、宜人的布局，舒适、环保、经济的优质居住场所是宜居城市的特征之一。秉承宜居城市理念设计集约用地标准，将舒适宜居的环境与集约用地活动结合，促进集约用地向艺术型发展，上升到意识、心理等非物质层面，提升幸福感。

六、顶层设计思想

顶层设计（Top-Down Design）思想针对某一具体的设计对象，弄清楚要实现的目标，运用系统论的方式，自高端开始的总体构想和战略设计，从上到下地一层一层设计，使所有的层次和子系统都能围绕总目标，产生预期的整体效应。该思想是一种将复杂对象简单化、具体化、程式化的设计想法，强调设计对象定位准确，注重规划设计与实际需求紧密结合，功能协调，结构优化，资源整合。具有总体性、前瞻性、长远性、具体性等含义。从其理论内涵特点来看，主要体现在强调执行力、整体主义战略、缜密的理性思维三个方面。

第二节　政策基础

对于工业化、城镇化已进入中期的我国而言，土地问题仍然是现代化进程中一个全局性、战略性、根本性重大问题。而在当今中国面临的各种土地问题中，最根本、最迫切的是转变土地利用方式、推进节约集约用地。推进节约集约用地，是加快转变经济发展方式、推动经济提质增效升级的必然选择，是大力推进生态文明建设、保障经济社会长远可持续发展的必由之路。

近年来，国土资源部围绕严格土地使用标准、大力促进节约集约用地发展方面，陆续发布了一系列政策文件，强化土地管理，促进节约集约用地。2012 年 3 月，国土部下发《关于大力推进节约集约用地制度建设的意见》（国土资发〔2012〕47 号），要求各地建立健全建设用地使用标准控制制度，逐步形成覆盖城乡、覆盖各类产（行）业的建设用地使用标准体系。9 月，国土部下发《关于严格执行土地使用标准大力促进节约集约用地的通知》（国土资发〔2012〕132 号），要求各地按照节约集约用地的原则，在严格执行国家颁布的土地使用标准、满足功能和安全要求的前提下，结合本地土地资源条件、经济社会发展水平、产业发展规划等，抓紧研究制定或修订完善土地使用标准。《节约集约利用土地规定》则在明晰节约集约利用土地内涵的基础上，提出了制定各类用地控制标准，并提出在项目建设用地审查和土地供应中强化标准的管控作用。

《关于促进土地节约集约利用实施意见》（津政办发〔2014〕78号）对土地节约集约利用提出了制定完善工作制度、措施和土地使用标准，从严控制增量、着力盘活存量、有序放活流量的工作要求，并从投入产出、处置闲置土地、违法用地、新增建设用地供地率、单位GDP建设用地下降率等方面提出了具体工作目标。对天津市而言，土地节约集约利用工作任务为完善土地使用标准管控制度，健全建设用地标准体系，对特殊项目依规定办理用地、供地手续；提高开发区园区土地利用强度，严格执行限制用地、禁止用地目录以及关于区内配套设施、道路、产房建设等标准，严控新增用地审批。

第三节　启示与借鉴

一、思想启示

1. 报酬递减规律理论要求寻求土地最佳集约度

土地集约利用是社会经济发展的必然趋势，土地报酬递减规律为合理进行土地集约利用、选择土地利用的最佳集约度提供了重要的理论依据与实现途径。在城市建设用地利用中，往往用容积率的高低反映土地的集约程度。因为在通常情况下，单位土地的投入越多，容积率也越高，土地的经济效益（用地价表示）也不断上升。但是，土地的投入和容积率提高取得的经济效益是有一定限度的，土地开发强度一旦超过这个界限，土地总收益也遵循土地报酬递减规律反而下降。因此，集约利用土地，主要是针对我国城市长期以来普遍不重视土地效益、热衷于外延式发展的粗放型利用方式而言的，但决不是提倡集约度愈高愈好。集约利用土地的科学内涵，不是在寻找最高集约度，而是要找寻最优集约度或最佳集约度，即如何使城市建设用地的经济效益与环境效益、社会效益都能够同时得到提高，而不是此消彼长，顾此失彼。

2. 级差地租理论要求提高土地利用水平

级差地租是城市建设用地集约利用研究的重要基础：一方面，级差地租促进了城市建设用地集约化水平的提高，土地结构得到优化。由于城市土地的区位和交通便捷度的不同，而且不同用地类型对于地租的敏感度也不同，因此不同用地类型在同一地段产生的经济效益不同。例如，一般商业用地位于城市中心位置，往往地租较高，而工业用地处于城市郊区，在市场竞争条件下，商业用地通常向市中心集聚，工业用地则向市郊迁移。在此过程中，土地集约度在这样一个集聚过程中得到提高，土地结构进一步优化，区域内建设用地集约化水平得到提升。另一方面，不同规模城市的级差地租不同，大城市的高价地租使占地面积大、生产效益低的企业逐渐被淘汰，促使产业用地向着单位面积产出效益提高的方向发展，使城市建设用地更加集约化。

为了促进城市土地资源的合理利用和优化配置，使土地利用的经济效益达到最佳，必须应用经济杠杆对其加以调节和控制。要追求土地效益最大化，必须通过改变土地利用条件，例如增加投入强度，完善交通配套设施等，调整土地利用结构，提高土地经济效益，最终实现土地的集约化经营。

3. 土地承载力理论要求寻找最佳节约集约利用方式

随着城市地理、区域规划、可持续发展等研究领域的发展，城市土地质量和利用程度也受到更多的重视，当前城市承载力（不仅是城市土地承载力）成为城市规划管理中普遍提及的理念。

一方面，根据土地承载力理论，由于城市土地系统的组成物质在数量上有一定的比例关系、在空间上具有一定的分布规律，所以它对人类活动的支持能力有一定的限度，即城市土地节约集约利用有一定的限度。这要求我们在城市土地资源可承载的最大能力的范围内寻找最佳节约集约利用方式，不能无限提高土地的节约集约度。另一方面，按照城市土地承载力理论，通过加强生态环境的建设，提高土地承载力，可以改变土地节约集约利用的上限，为进一步节约集约利用土地奠定基础。

4. 可持续发展理论要求促进土地的可持续利用

土地作为一种数量有限的自然资源，有着位置固定、不可替代的特殊性，人们在开发利用中，必须坚持可持续发展的思想，在满足当代发展的需求下，以不损害下一代的需求作为前提，来制定土地资源开发利用的策略和方针，合理高效地利用土地（武汉市城市土地集约利用评价研究初探，王绍艳，2007）。集约利用土地，不仅能够减缓城市外延扩展的速度，还可以提高土地的使用效率，从而达到节约土地资源和保护耕地的目的。同时，土地集约利用能够促使土地往可持续利用方向发展，在提高土地集约利用水平的过程中，既要关注土地的经济效益和社会效益，使其达到效益最大化，也要注重土地利用的生态效益，促使土地向生态集约型迈进，以达到土地经济效益、社会效益和生态效益的有机结合，实现土地可持续利用。

5. 宜居城市理论对节约集约利用提出新要求

党的十八大和十八届三中、四中全会对生态文明建设作出顶层设计后，2015年5月5日，党中央、国务院印发的《关于加快推进生态文明建设的意见》，明确提出了资源节约的建设用地利用思路。当前阶段，天津市建设用地需求持续增长，土地低效、粗放利用问题较为严峻，城市建设用地保障能力长期面临挑战，供需矛盾趋于显著，这与实现土地资源的可持续利用，推进生态国土建设、加强美丽天津建设的要求并不协调。推动社会主义生态文明建设，必须强化标准的管控作用，提高建设用地使用效率，节约集约用地，缓解城市土地供需矛盾。

6. 顶层设计思想要求强化标准的管控作用

我国幅员辽阔，各地区经济社会发展状况客观上存在较大差异，建设用地使用更是涉及工业、工程等多个行业与类别，国家和全国各地区虽然设立了相应的建设用地使用标准，但均难以全面切合天津市实际。有必要基于顶层设计思想，建立切合天津市各区县经济社会发展需要，适应于不同行业和时间尺度要求的建设用地标准，在尽量不改变用地规模的基础上，使土地利用的价值、效益或承载能力最大化。

二、思路借鉴

基于上述土地管理与利用基础理论，按照近年来党和国家的相关政策精神，其对天津市加强土地节约集约利用，推进建设用地使用标准体系建设的意义主要在于坚持规划先行、发挥市场基础性配置作用、完善评价考核和监督机制以及强化用地标准管控等几个方面。

1. 坚持规划先行

首先建立"多规合一"的规划管控制度。在国家和省级层面，以国土规划为主体，通过土地利用总体规划和城乡规划逐级落实，逐步建立类型精简、功能明晰、相互衔接、统一高效的国土空间规划体系。对天津市而言，应充分利用"三规衔接"的良好契机，加强规划对节约集约用地的管控作用，建立差别化的土地利用调节制度。在此基础上改进土地计划管理，针对不同的区域，根据其城市发展特点和经济发展条件，制定差别化土地利用计划和土地供应政策，引导产业发展与布局，强化供应调节作用。

2. 发挥市场基础性配置作用

制定建设用地使用标准，发挥标准的调整管控作用，必须以市场基础性配置作用的充分发挥为前提。一是通过不断完善土地产权制度，建立城乡统一市场的土地资源配置制度，使土地产权主体能够拥有明确的利益预期，并根据土地供求关系和价格作出合理的决策。充分发挥市场对土地资源配置的基础性作用，优化土地资源的配置状态，不断提高土地的节约集约利用水平。二是调整完善相关税制，建立基于不同环节的税费调控制度。完善土地取得、保有和转移环节税收管理，对闲置土地和空闲土地增设闲置土地税。通过以上制度设计，发挥市场配置国土资源的基础性作用，实现土地最佳配置和可持续发展的需要。

3. 完善评价考核和监督机制

一是建立多尺度的节约集约利用评价制度。开展项目、功能区、区县、城市四个层面的节约集约利用评价工作，将评价成果应用于政府资源分配、政策制定与绩效管理过程中，以达到对有限城市土地的合理、有序、节约集约利用，促进城市的合理开发与健康可持续发展。二是建立基于行政体系的绩效考核制度。科学设定政府节约集约用地考核目标，以目标为导向，构建多层次的节约集约利用评价体系，定期开展评价工作。将节约集约用地考核纳入政府国土资源管理目标责任制，进一步完善内容，改进方法，严明赏罚，并与实行问责制紧密结合起来，把责任落到实处。三是建立双管齐下的土地利用监测监管制度。以供地计划为依据，以遥感监测为手段，对土地供应总量、布局、结构、价格和开发利用情况实行全面监管；以建设项目开工、竣工、土地用途改变、土地闲置、土地开发利用强度为重点，开展动态巡查；实行土地开发利用信息公开，发挥社会监督作用。通过以上制度设计，逐步提高地方政府节约集约用地意识，加强节约集约用地政策的落实，推进形成全社会节约集约用地的氛围。

4. 强化用地标准管控作用

实现建设用地的节约集约利用，须在符合土地利用总体规划、城市总体规划、产业发展规划的基础上，建立全行业覆盖的建设用地标准控制制度。按照政府推进产业提高能级的要求，提高建设用地使用标准，健全建设用地标准体系，实现对各行业建设用地的合理控制。重新审核现行的各类工程项目建设用地标准，尽快编制公共设施、公益事业和其他行业建设用地标准。与此同时，在标准制定后，应在项目设计、核准备案审批、城市规划审批、用地预审和审批、土地供应及供后监管等环节严格执行土地使用标准，并在出让合同中明确相关控制要求；强化土地利用总体规划整体管控作用，各类相关规划与之相衔接，依规划确定建设用地规模，修订城市规划控制标准，合理确定各类项目用地指标。

第三章　国内外研究综述

第一节　我国建设用地使用标准体系发展演变

一、国家的统一部署

我国土地使用标准的编制工作最早可以追溯到 20 世纪 80 年代，1987 年原国家土地局、原国家计委下发的《关于编制建设项目用地定额指标的几点意见》（〔1987〕国土〔建〕字第 144 号）、《工程项目建设用地指标编制工作暂行办法》（〔1989〕国土〔建〕字第 169 号），对标准编制工作的内容、组织形式和实施程序等提出了明确要求。在此基础上，我国先后制定了涉及轻工、机械、化工、电力等行业的建设用地指标。自 1999 年，原国家土地局颁布实施了 18 项工程项目建设用地指标。

进入 21 世纪后，我国经济飞速发展，城市化、工业化进程进一步加快，工业、工程项目建设用地需求急剧增长。在综合考虑国家经济发展状况、土地资源状况和市场配置土地资源需求的基础上，本着节约集约用地的原则，国土资源部会同住建部及相关行业主管部门，对工业用地标准的管理进行了重大改革，并相继制定、修订和发布实施了限制禁止用地项目目录、基础设施及公用事业建设等 15 项土地使用标准体系。当前阶段，我国在国家层面已基本形成了较为完善的土地使用标准体系。我国当前的土地使用标准体系基本可以分为三类，分别是禁止和限制用地项目、工业项目建设用地控制指标以及铁路、电力等工程类项目建设用地控制指标。

我国工业项目建设用地控制指标最早发布于 2004 年。2008 年 1 月，为全面贯彻落实《国务院关于深化改革严格土地管理的决定》（国发〔2004〕28 号）、《国务院关于加强土地调控有关问题的通知》（国发〔2006〕31 号）和《国务院关于促进节约集约用地的通知》（国发〔2008〕3 号），加强工业项目建设用地管理，促进节约集约用地，国土资源部对 2004 年发布的《工业项目建设用地控制指标（试行）》进行了修订，并发布实施了《工业项目建设用地控制指标》（国土资发〔2008〕24 号）（以下简称《国家工业控制指标》）。《国家工业控制指标》共包括正文、控制指标应用说明、土地等别划分、国民经济行业分类四部分内容，控制指标由投资强度、容积率、建筑系数、行政办公及生活服务设施用地所占比重、绿地率五项指标构成。其中，容积率指标按照不同工业行业分类给定不同的指标值。投资强度指标将全国土地分为七类、十五等，给定不同的指标值。

有关工程项目建设用地标准，目前我国已经出台了比较完善的工程建设项目用地标准体系。主要包括电力工程项目建设用地指标、石油天然气工程项目建设用地指标、煤炭工程项目建设用地指标、新建铁路工程项目建设用地指标、公路工程项目建设用地指标、民用航空运输机场工程项目建设用地指标、公共图书馆建设用地指标、文化馆建设用地指标、体育训练基地建设用地指标、城市社区体育设施建设用地指标、城市生活垃圾处理和给水与污水处理工程项目建设用地指标等 11 个工程项目建设用地指标，以及城市普通中小学校校舍建设标准、石油储备库工程项目建设标准、监狱建设标准、拘留所建设标准、看守所建设标准、强制戒毒所建设标准、综合医院建设标准、中医医院建设标准、粮食仓库建设标准、海港通用码头建设标准和河港通用码头建设标准等 11 项建设标准。

二、地方的探索创新

按照国家的有关要求，北京、上海、广州、深圳、广东、江苏、辽宁、江西、陕西、安徽、河北、河南、广西等省市结合本地实际，加快推进土地使用标准制定工作，陆续发布实施了相关的土地使用标准。我国地方标准的制定主要集中在工业项目和工程项目两类。

从各地工业用地标准控制指标的指标选取来看，基本与国家标准一致，大部分均选取了投资强度、容积率、建筑系数、行政办公及生活服务设施用地所占比重、绿地率五项指标。但各地的指标控制值有高有低。上海、广州、深圳、江苏等省市在常用五项控制指标的基础上，根据各自具体情况相应增加了一些其他用地指标。例如，上海增加了土地产出率、土地税收产出率两项指标；广州增加了工业项目用地面积指标、土地产出率、产值能耗、科技率等指标；深圳增加了土地产出率、产值能耗、地均纳税额、成长率等指标；江苏增加了单位用地指标。

江苏、江西、广州、上海等地已建立相对比较完善的工程项目建设用地使用标准。江苏、广州、河北等地和国家已出台的工程项目建设用地使用标准体系与《划拨用地目录》（中华人民共和国国土资源部令第 9 号）的对比情况如表 3-1 所示。由表 3-1 可知，各地的体系大同小异，都是在国家已经出台的工程项目建设用地标准和《划拨用地目录》的基础上，结合当地的发展需求，去掉了近期内不需要建设的工程项目，增加了规划期内需要建设的项目，从而建立起符合各自特色的工程项目用地标准体系。

表 3-1　工程项目体系对比

序号	项目名称		划拨用地目录	土地使用标准汇编	广州	江苏	河北
1	城市基础设施用地	供水设施	√	√	√		√
		燃气供应设施	√			√	√
		供热设施	√				
		公共交通设施	√				√
		通信				√	
		环境卫生设施	√	√	√	√	√
		道路广场	√				√
		绿地	√				
2	邮政		√		√	√	√
3	教育		√	√	√	√	√

续表

序号	项目名称		划拨用地目录	土地使用标准汇编	广州	江苏	河北
4	科研		√			√	
5	体育		√	√	√	√	
6	公共文化设施	图书馆	√	√	√	√	
		博物馆	√		√		
		文化馆	√	√	√	√	
		青少年文化设施	√				
7	卫生医疗		√	√	√	√	√
8	社会福利		√			√	√
9	石油天然气		√	√		√	√
10	煤炭		√			√	
11	电力		√	√		√	√
12	水利		√				
13	铁路交通		√	√	√	√	√
14	公路交通		√	√	√	√	√
15	水路交通		√	√	√		√
16	民用机场		√	√	√	√	
17	特殊用地	监狱	√	√			
		劳教所	√				
		戒毒所	√	√			
		看守所	√	√			
		拘留所	√	√			
18	城市轨道交通				√		
19	管道运输				√	√	√
20	水利设施				√		
21	殡葬				√	√	√
22	广播、电视业					√	
23	仓储				√	√	√

三、取得的成效与不足

1. 成效

（1）政策出台更加具体

归因于国家层面和地方层面相关建设用地标准体系的日趋完备，我国节约集约用地的标准得到量化，各项推进节约集约用地的政策日臻完善。从 2004 年首次明确要求"节约用地"，到 2008 年的节约集约针对性通知；从 2012 年的八项制度建设意见，到 2014 年更加细化的节约集约利用土地规定，我国各层面出台的有关节约集约用地的政策更加具体、更具有操作性。

（2）土地管理体系更加完备

随着一系列节约集约政策的出台，国家制定了各类项目准入标准、用地标准，项目准入、用地标准广泛应用于规划选址、用地审批、批后监管等项目建设过程中。与此同时，开发区集约利用评价、模范县创建、新增建设用地消耗考核等节约集约用地考评制度不断推进，并依据国家政策与地方实际不断进行修订完善，科学性与实用性持续提升，评价工作本身有据可依且更加落到实处，我国的土地管理体系日益完备。

（3）节地意识明显提高

当前阶段，节约集约用地已成为我国各地区土地使用的共识。在各行业建设用地使用标准的管控下，各地积极推进城中村改造、旧城改造、闲置土地处理、模范县创建、落实单位国内生产总值建设用地下降目标等一系列土地粗放、低效利用的整治实践工作，并取得了显著成效，地方政府已经把节约集约用地变成了自觉行动，节约集约用地意识明显提高。

（4）建设用地总量得到有效控制

归因于建设用地使用标准、土地利用总体规划、税费调节措施等一系列标准、规划和措施的实施，其对土地利用的控制和引导作用成效日益显现。如图3-1所示（资料来源：2013年中国国土资源公报），2009～2012年全国耕地面积减少的趋势逐渐减缓，我国圈地和乱占耕地的势头得到遏制，耕地保护得到进一步强化，农民利益得到维护，建设用地无序扩张的趋势得到抑制。

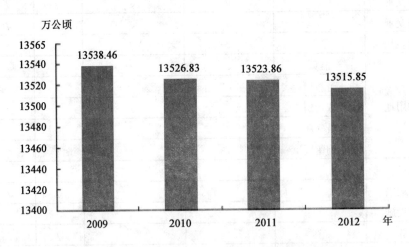

图3-1　2009～2012年全国耕地面积变化情况

（5）促进了经济的良性增长

随着我国建设用地使用标准体系的不断完善，在建设项目设计、核准备案审批、城市规划审批等环节，土地使用标准的约束调节作用不断增强。与此同时，随着土地资源市场化配置程度的逐渐提升，市场效率不断凸显。"招拍挂"制度在全国的全面推行，市场秩序不断规范，加上存量土地不断得到利用，对不符合国家产业政策、发展规划和市场准入标准的项目不予供地，有效制止了部分行业盲目投资和低水平扩张，推动了经济增长方式由过去占用大量土地资源为代价的粗放型向集约型转变。

（6）建设用地使用效率逐步提升

我国工业项目建设用地控制指标、限制用地项目目录和禁止用地项目目录以及全国工业用地出让最低价标准的颁布施行，以及未利用土地开发、产业结构调整、节约集约用地指标约束、闲置土地盘活再利用以及土地投机行为抑制等方面的应用，城中村改造、旧城改造、闲置土地处理等一系列实践工作的落实，开发区集约利用评价、城市建设用地节约集约利用评价规程，新增建设用地消耗考核、单位国内生产总值建设用地下降评估办法等规程规范的出台实施，均大大提升了我国建设用地使用效率。

2. 不足

我国当前的建设用地使用标准体系，在提高建设用地集约利用水平，优化土地利用规模与结构方面发挥了重大的作用，但在建设项目设计、核准备案审批、城市规划审批等环节的实际应用程度尚有巨大的提升空间。我国当前的节约集约制度框架体系中各个制度政策手段，在运用中往往主次不明，各部门对目标、重点、对象、手段等理解不一致，口径不统一等问题，造成执行上的困难，且城市规划与土地利用总体规划的一致性有待解决，计划与规划间衔接不够，绩效考核与计划指标、评价体系等制度不匹配等，均使我国土地节约集约利用的成效大打折扣。现有的建设用地管控体系，尚需进一步更新完善，提升与现有政策体制、经济社会发展新形势新要求的协调程度。

第二节　国外建设用地使用标准体系建设经验与借鉴

一、国外建设用地使用标准体系建设概述

1. 关于节约集约用地的研究

有关土地的节约集约利用，最早起源于农业。随着城市化进程的加快以及城市污染等城市病的凸显，荷兰学者卡罗琳（P. N. Caroline）等人提出了"多功能土地利用"的概念，为建设用地节约集约利用理念的提出奠定了基础。1990 年前后，美国规划界逐渐形成了"精明增长"理论，该理论使得美国规划界形成了"城市增长边界"的新理论，以期实现建设用地的高质量、高品质开发利用。英国学者西蒙兹（D. Simmonds）则提出了密集城市理论，以期实现可持续的城市发展形态。总体而言，西方发达国家并没有建立专门的节约集约利用制度体系，而是通过一系列的法律法规、政策等促进城市建设用地节约集约利用。

（1）美国

①土地利用规划制度

为了遏制二战后美国的郊区化浪潮，保护土地资源和生态环境，美国逐渐形成了较为完整的"精明增长"理论。美国的土地利用规划就是以该理念制定的，其内容主要包括总体规划、官方地图等。总体规划描述了地区未来发展的蓝图，包括土地利用、交通通信、住房配置、资源与环境保护、空旷地开发、噪音防治以及防灾减灾等内容；官方地图用于标明已经存在的或规划中的公共设施，主要是为未来的街道、学校以及其他公共需要预留土地。在预留区域内进行建设，必须取得地方政府的建设许可证。

规划体系分为联邦政府、州政府和地方政府三个层次，各级政府土地利用规划均为法律规定，是政府土地开发和管制的主要依据。美国的土地管理权主要属于地方政府，联邦政府是通过建立"超级基金"的方式来资助、刺激和引导地方土地的开发和利用。州政府通过规划要求地方政府划定城市增长边界、土地开发时序和区位等，来控制城市规模的无序扩大，

并通过土地利用管理、提供公共设施等措施鼓励在城市增长边界内以及允许发展的地区进行城市开发。

②土地征用制度

美国的土地征用制度主要是为公共利益使用土地而设置的,且对拥有征用权的实施主体、补偿和征用程序都较为明确。土地征用权的实施主体包括联邦、州、县三级政府以及从事公益事业建设或经营的法人。征用补偿根据征用前的市场价格计算,市场价格包含被征土地的现有价值和可预期的未来价值,同时该补偿需要通过特定的征用程序并得到土地所有者或利益方的同意才能生效。

③建筑总量许可控制

为避免公共设施的急速增长对地方财政造成负担,控制一定时期内,地方政府派发的建筑许可总量。建筑总量是依据科学预测未来一定时期内,人口数量和住房需求增长确定的。

④存量用地再开发

第一,推行集束分区制,鼓励将住房集中布置在原有地块更小的面积上,节省出的土地面积按照社区的意愿重新利用,如设计成为一个允许所有居民通行的开敞空间,即集束区,有效减少市政工程管线的总量。第二,公共资本投资政策。将用于市政、服务设施的公共资本集中投放到旧城区内,吸引私人资本向内城转移,激活旧城区土地市场,促使城市土地再利用。第三,对因污染而暂时废弃的土地进行开发的,实施税收减免,同时政府和私人机构合作筹集整个基金的70%,用于污染治理、污染监测及环境保护,以促进其盘活再利用。

⑤征收额外税费

为了保障社区服务设施和公共设施配套,在开发商争取所需贷款时,强制要求附带建设新增单元或出资翻修旧的住房,或出资修建经济适用房。同时对房地产开发商强制征收建设项目影响费、基础设施维修资助金等专用于公共设施建设。不仅保证了集约开发水平,还保障了现有居民和新增居民的生活质量。

(2)日本

日本地少人多,为了从根本上抑制城市盲目扩张、住宅紧张、土地大量闲置、人口过度集中等严重的问题,严格的节约集约利用土地法律法规和政策,在日本体现得淋漓尽致。

①土地规划制度

日本通过法律和行政手段,将城市土地的宏观管理和微观管理相结合,形成了一个比较系统、完善的土地规划体系。该规划体系由国土综合开发规划、国土利用规划、土地利用基本规划和城市规划等构成。为确保公共事业建设所需的土地,日本制定了完备的计划,确保土地开发顺利进行。国土利用综合调整是根据各项公共事业的性质、建设地点以及计划的实施程度而进行的。

②控制和规范土地开发行为

为了推进城市土地的开发利用,同时不破坏生态环境,日本颁布了《森林法》《自然公园法》《自然环境保护法》《矿业法》《采石法》等法律,严格控制和规范土地开发行为,有效地保护了生态环境。日本的森林面积占国土总面积的66.7%,是世界上森林覆盖率最高的国家之一。

③土地交易管理制度

为了防止城市地价高涨、限制土地投机,日本制定了一系列土地政策,包括土地交易申报制、土地交易许可制、土地交易监视区制度、对不动产业者进行指导、对金融业者进行指导以及地价公示制度等。其中土地交易许可制和土地交易监视区制度是为了控制地价上涨设定的。土地交易许可制是指地方政府将投机过度、地价上涨过快的地区设定为土地限制区，在该区域任何土地交易活动必须向地方政府提交土地交易许可申请书，通过审查后方可进行。土地交易监视区制度是指，地方政府将其认为地价上涨太快、影响土地合理利用的地区设立为监视区，并制定监视区土地交易规定和要求。

④调整土地市场

土地的保值增值功能、有限性等决定了土地价格较为昂贵，促进了房地产信贷市场的活跃，而房地产金融关系到城市居民的安居乐业，其信贷规模对房地产活动有直接影响。日本在面临地价暴涨问题时，除了放慢国民经济增长速度外，还通过紧缩银根，促使银行对地产界的贷款采取谨慎态度。同时为抑制土地市场中的投机现象，政府对短期转让行为采取加重税收的手段，特别是所得税。日本地价在 1991 年出现了 1975 年以来的首次下跌。

（3）英国

英国在节约集约利用方面的举措较多，其中比较具有特色的有以下两个方面。

①存量用地再利用。为了实现存量土地再开发，英国采取了多种措施：第一，不同政府部门开展合作联合开发全国土地利用数据库，用于获取英国土地利用程度和分布的详细信息，包括已利用土地、空闲地和废弃地及废弃建筑的信息等。利用该数据库制定鼓励新增住房在已开发土地上建设的计划。第二，对已开发的空地和废弃地及其他用地进行再开发适宜性评价，制定土地再开发以及设定区域住房建设中土地再利用目标。第三，广泛采用"合作伙伴"模式，由地方政府、企业界和非营利组织共同对存量用地进行开发，降低开发存量用地成本高、风险大的问题，并制定多种优惠政策，包括对利用存量用地的直接审批通过、给予津贴、低利率贷款和税收优惠，同时严格限制建设占用绿地，在绿地上开发建设的进行严格行政审批和增加税收压力。第四，提供资助改善被破坏的土地。中央政府每年通过各类经济计划，对需要进行技术处理才能重新使用的土地提供无偿和有偿资助进行改善，包括荒废地、旧城区内工商改善区以及旧城保护区。

②调整土地市场。对城区内投资大、周转慢、利率低甚至亏损的大型基础设施、公共服务设施、公共工程、生态环境平衡保护工程等，中央政府和地方政府共同承担土地开发费用，创造良好的外部环境，吸引私人集团开发土地；建立国有化开发机构负责开垦城区内的废地，提供社会设施和住宅，开垦后土地按市场平价出售，开垦费若高于土地出售市场价，差额由政府补贴。

2. 关于建设用地使用标准研究

国外建设用地使用标准多体现在土地管理法、相关条例中，这些法规条例等对土地使用标准有一定的说明，但极少阐述标准值范围和制定方法。国外项目建设用地大都极其注重实行市场机制下的自由选择，以新加坡的工业项目为例，该国暂无明确的工业用地控制标准，但很好地发挥了市场的基础性配置作用，如采用了长期出让（30 年以下）、短期出让（20 年以下）、临时出让（1～3 年出让）、弹性出让（申请者自由选择）以及卖地（30～60 年）等多样化的土地出让方式，确保土地分配的市场弹性；与此同时，在按照土地用途设定严格的功能分区的基础上，设定容积率上限，同时在功能区内预留部分不作用途限制的空白区域，为市场作用的发挥留足弹性空间。

在美国、德国、法国等土地资源相对较为丰富的地区，建设用地的使用标准并非完全依赖市场机制的配置作用。以美国为例，该国建设用地利用过程中，强调政府的监管与规划职能的实现，政府监管和规划的主要对象为建筑物及其布局，具体可细化到建筑物及其构筑物的层数、高度、用地规模、建筑密度、综合容积率、空地率等方面，实现了严格的建设用地指标量化控制体系。日本土地资源极为稀缺，其不仅颁布了《城市规划法》《市街地建筑物法》《农地法》《新城市规划法》《建筑标准法》等法规，还要求各土地所有者提出相应土地的处理、使用计划，实现了土地用途的双重控制。

除严格的用途控制和规划控制手段外，税收杠杆作用的发挥也是发达国家控制建设用地用途与规模的重要特色。如美国通过征收开发影响税、改良税和不动产转移税等税目，同时实行差别化的课税方式，对有利于土地节约集约利用的土地使用者课以较低税率，对不利于土地节约集约利用的土地使用者课以高额的税收，实现政府对土地节约集约利用的引导。

二、对我们的启示

1. 提升规划的控制作用

逐渐将规划法律化，强化规划的龙头作用，并确定其坚实的法理基础；制定和完善规划实施的配套法规和规章；在法律上明确规划的编制、修订、审核、实施等环节的具体规定；制定保障规划实施的经济激励、税费限制的政策和措施。

2. 保障农民的利益

探索建立与市场价格统一的征地补偿机制，明确界定征地用途，建立公正的征地纠纷调处机制，确保被征地农民的知情权、参与权和监督权，防止借公共利益之名随意扩大征地范围的现象发生，确保征地农民的利益，提升土地供给的价格，促进土地节约集约利用。

3. 灵活的制度、政策

借鉴美国的集束分区、额外收费等思想，在国家层面可以制定灵活的土地政策，解决多个问题，实现一个政策多种效果的局面。各地区可以在此基础上，结合地区比较突出的问题，提出相应对策。

4. 提倡存量用地再利用

运用规划、经济税费等手段，鼓励存量用地开发利用，解决新增建设占用农用地特别是占用耕地问题，可借鉴英国经验，通过制定计划等方式，鼓励闲置土地、废弃地以及低效建设用地的再开发利用。

5. 完善建设用地控制指标体系

通过完善建设项目用地控制指标体系，为工程项目设计、建设项目用地准入、土地供应和供后监管，以及土地的可持续开发提供重要的准则、尺度、依据和规范，土地使用标准无疑也成为落实节约集约用地制度的重要基础。

第四章 天津市概况

第一节 土地资源条件

一、区位与自然环境概况

1. 区位条件

天津市是中华人民共和国直辖市之一，位于华北平原的东北部，海河流域下游，地跨海河两岸，北纬38度至40度，东经116度至118度，东临渤海，北依燕山，南北长189千米，东西宽117千米，陆界长1137千米，海岸线长153千米，土地总面积1191685.29公顷。天津市作为全国五大国家城市中心，是我国北方最大的沿海开放城市，也是国务院2014年11月确定的全国六座超大城市之一。

天津市地处太平洋西岸环渤海经济圈的中心，对内腹地辽阔，辐射华北、东北、西北13个省市自治区，对外面向东北亚，是中国北方13个省区对外交往的重要通道，是中国北方最大的沿海开放城市和中国北方最大的港口城市。天津市与首都北京毗邻，距北京120千米，是北京通往东北、华东地区铁路的交通咽喉和远洋航运的港口，有"河海要冲"和"畿辅门户"之称。天津市东、西、南分别与河北省的唐山、承德、廊坊、沧州地区接壤，是"京津冀协同发展"战略的主要城市之一，优越的地理位置为天津市经济社会发展带来了很大机遇。

2. 自然资源条件

（1）气候环境

天津市地处北温带，位于中纬度亚欧大陆东岸，主要受季风环流的支配，是东亚季风盛行的地区，属温带季风性气候。临近渤海湾，海洋气候对天津的影响比较明显。主要气候特征是四季分明，春季多风，干旱少雨；夏季炎热，雨水集中；秋季凉爽，冷暖适中；冬季寒冷，干燥少雪。

（2）地质地貌

天津市全市地表土层复杂，共有6种土壤类型。按面积大小顺序依次为潮土、水稻土、滨海盐土、褐土、沼泽土和棕壤。天津市地势为北高东低，地貌主要有山地、丘陵、平原、洼地、滩涂等。山地和丘陵主要分布于蓟州区北部，燕山山脉南侧，是天津市重要的生态屏障和水源涵养地。

（3）水资源

天津地跨海河两岸，而海河是华北最大的河流，上游长度在10千米以上的支流有300

多条。流经天津的一级河道有 19 条，总长度为 1095.1 千米。引滦入津输水工程每年向天津输水 10 亿立方米。天津地下水蕴藏量丰富，泉水流量一般在每小时 7.2~14.6 吨，雨季最大可达每小时 720~800 吨。全市有大型水库 3 座，总库容量 3.4 亿立方米。

（4）矿产资源

天津市有丰富的金属和非金属矿产资源。金属矿产主要有锰硼石、锰、金、钨、钼、铜、锌、铁等 10 多种，其中锰等不仅为国内首次发现，也为世界所罕见。非金属矿产主要有水泥石灰岩、重晶石、迭层石、大理石、天然石、紫砂陶土、麦饭石等，都具有较高的开采价值。同时天津市也有充足的油气资源，已探明石油储量 40 亿吨，油田面积 100 多平方千米，天然气地质储量 1500 多亿立方米，煤田面积 80 平方千米。

（5）海洋资源

天津海岸线位于渤海西部海域，南起歧口，北至涧河口，长达 153 千米。海洋资源突出表现为滩涂资源、海洋生物资源、海水资源、海洋油气资源。滩涂面积约 370 多平方千米，正在开发利用。海洋生物资源，主要是浮游生物、游泳生物、底栖生物和潮间带生物。海水成盐量高，自古以来就是著名的盐产地，拥有中国最大的盐场。

（6）土地资源

天津市土地总面积 1191685.29 公顷，其中耕地面积 437215.77 公顷，占全市土地总面积的 36.69%；城乡建设用地 321507.83 公顷；其他土地面积 84123.63 公顷。全市的土地，除北部蓟州区山区、丘陵外，其余地区都是在深厚积沉物上发育的土壤。

二、土地利用现状

根据天津市 2014 年土地利用现状变更调查成果，全市农用地、建设用地和未利用地的现状如图 4-1 所示。

1. 农用地

2014 年，农用地总面积为 6982.80 平方千米，占土地总面积的 58.60%。其中，耕地面积为 4372.15 平方千米，占全市土地总面积的 36.69%，其分布相对集中在中部和南部平原地区；园地面积为 302.42 平方千米，占全市土地总面积的 2.54%，相对集中分布在蓟州区北部山区；成片林地面积为 550.95 平方千米，占全市土地总面积的 4.62%，相对集中在蓟州区北部山区；草地面积 132.50 平方千米，占全市土地总面积的 1.11%。

2. 建设用地

2014 年，天津市建设用地总面积为 4092.81 平方千米。其中，城镇村及工矿用地面积为 3215.08 平方千米，占全市土地总面积的 26.98%。城镇建设用地面积为 1523.30 平方千米，占土地总面积的 12.78%；村庄面积 1251.18 平方千米，占土地总面积的 10.50%；采矿用地面积 440.60 平方千米，占土地总面积的 3.70%；此外，交通水利用地为 817.21 平方千米，占土地总面积的 6.86%。其他建设用地为 60.52 平方千米，占土地总面积的 0.51%。

3. 其他土地

2014 年，天津市其他土地总面积为 841.23 平方千米，占土地总面积的 7.06%，主要为设施农用地、沼泽、田坎等用地。

在保障农用地，特别是稳定基本农田的条件下，天津市土地的供需矛盾非常尖锐，走内涵式城镇化和集约型的土地利用模式是必然的选择。

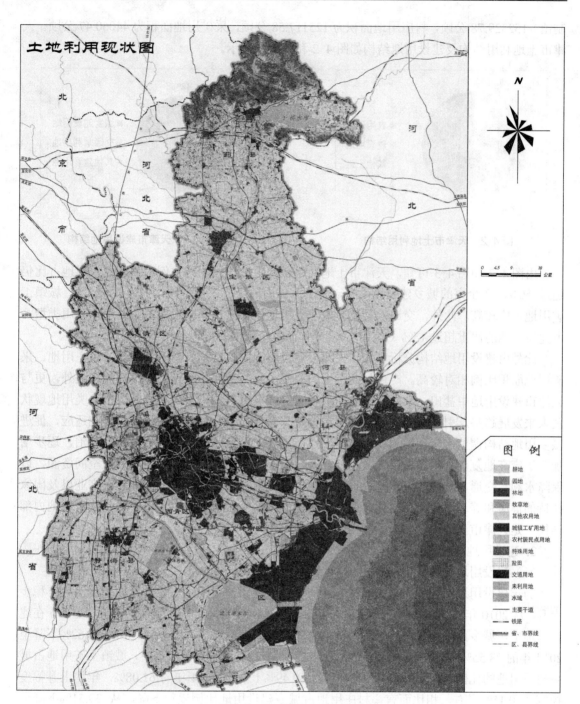

图 4-1　天津市土地利用现状图

三、建设用地利用现状分析

1. 建设用地利用现状结构分析

天津市 2014 年建设用地总面积为 409281.23 公顷，占土地总面积的 34.34%。其中，城镇村及工矿用地面积为 321507.83 公顷，占总建设用地比例为 80.09%；交通水利用地 81721.07 公顷，占总建设用地比例为 6.86%。城镇村及工矿用地中，城镇建设用地面积为（城市和建制镇）152329.78 公顷，村庄用地面积为 125117.58 公顷，采矿用地面积为 44060.47 公顷。天津市土地利用结构及建设用地结构如图 4-2 和图 4-3 所示。

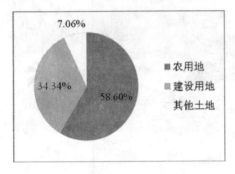

图 4-2　天津市土地利用结构

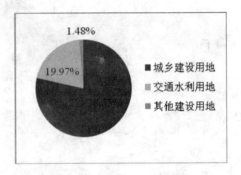

图 4-3　天津市建设用地结构

由图 4-2 和图 4-3 可知，天津市土地利用结构中虽建设用地比例较高，但农用地占比仍超过 50%。在全市的城乡建设用地中，城镇工矿用地与村庄用地的比例为 1.57：1，城镇工矿用地占比较高。此外，交通水利及其他建设用地作为城市基础设施的主要土地利用类型，占建设用地的比重超过 15%（19.97%），整体而言全市的基础设施用地配置较为合理。

此外由建设用地结构分析可知，天津市建设用地内部结构具有不平衡性，村庄用地、采矿用地面积比例相对较高。产生如此特征的原因，除与天津市城市性质、功能相关外，更与天津市建设用地中盐田、农村居民点面积较大等因素有关。可见，根据天津市各类用地现状及未来发展趋势，引导城镇建设用地结构调整与新型城镇化和新农村建设进程相适应，促进城乡用地结构调整，合理增加城镇建设用地，加大农村空闲、闲置和低效用地整治，逐步增加工矿废弃地复垦利用和城镇低效用地再开发，进一步有机整合各级各类园区空间资源，以保障水利、交通、能源等重点基础设施用地，优先安排社会民生、战略性新兴产业以及国家扶持的健康和养老服务业、文化产业、旅游业、生产性服务业发展用地，优化建设用地内部结构，是天津市土地集约和节约利用的重点之一。

2. 建设用地变化态势分析

（1）建设用地总体变化态势

历年建设用地面积变化趋势如图 4-4 所示，天津市建设用地占土地总面积比例逐年稳步上升，从 2010 年的 32.57%上升至 2014 年的 34.34%，年均上升幅度控制在 0.44%左右。在建设用地中，城乡建设用地占建设用地比例基本稳定且略有下降，从 2010 年的 78.62%下降至 2014 年的 78.55%，年均下降幅度控制在 0.02%左右。在城乡建设用地中，城镇工矿用地占城乡建设用地的比例逐年上升，从 2010 年的 60.49%上升至 2014 年的 61.08%，年均上升幅度控制在 0.15%左右。相比而言，村庄用地占城乡建设用地比例逐年下降，从 39.51%下降至 38.91%。交通水利及其他建设用地占建设用地比例基本稳定且略有上升，从 2010 年的 19.87%上升至 2014 年的 19.97%，年均上升幅度控制在 0.02%左右。天津市土地利用结构向大都市建设发展合理化倾斜，城市化进程合理有序推进。

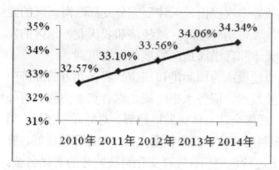

a. 建设用地占总面积的比例

b. 城乡建设用地占建设用地面积比例

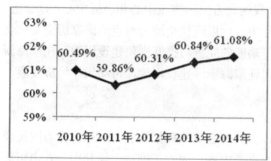

c. 城镇工矿用地占城乡建设用地面积比例

d. 村庄用地占城乡建设用地面积比例

图4-4 天津市历年建设用地变化趋势图

建设用地的快速增长，是处于发展状态大都市的建设用地发展规律的本质反应。随着城市化速度加快，城市建设需求空间将进一步加大。将各类建设用地历年变化进行比较，发现天津市各类建设用地变化态势的显著特征为：城乡建设用地保持在较高的比重，城镇工矿用地占比有所上升，村庄用地占比稳定下降，这是土地利用结构不断适应经济社会发展的必然结果。与此同时，天津市村庄用地规模仍然较大，大量的工矿用地使用效率低下。当前，天津市经济社会发展已进入提质增效的关键时期，通过土地利用结构调整，加快土地城镇化进程，推动低效工矿用地的再开发和再利用，是推动经济社会结构转型和实现天津市"十三五"乃至更长时期内跨越式发展的有效途径。

（2）各区县建设用地变化态势分析

2010～2014年，从整体来看，天津市建设用地面积在5年间大约增长了5.44%，大多数区县建设用地面积保持了不同程度的增长，其中增幅最大的是武清区，建设用地面积从2010年的33170.65公顷增加为2014年的37147.63公顷，增幅达到11.99%，居全市各区县首位。增幅较高的还有宁河区、津南区，5年间的建设用地面积增幅均在10%以上。增幅较低的有市区和滨海新区，滨海新区5年间的增幅为2.40%，在天津市所属的区县中，只有市内六区建设用地面积保持不变。

3. 建设用地发展面临形势分析

（1）建设用地发展面临的历史使命

天津在国家振兴环渤海区域经济的发展战略中被赋予重任，早在20世纪90年代，国家就把天津确定为环渤海地区的经济中心和我国北方重要的经济中心。进入新世纪，党中央、国务院对振兴环渤海区域经济高度重视，中央领导多次提出，天津要充分发挥滨海新区的经济、人才、技术、资源等综合优势，加快发展，以带动环渤海区域经济和我国北方地区的发展，这是国家发展战略的重要组成部分，也是天津和环渤海地区发展的历史机遇。

为了进一步带动环渤海的发展，天津要努力建设成为国际港口城市、我国北方的经济中心和生态城市。具体表述为：技术先进、制造业发达、服务水平一流、综合竞争力强、对外开放度高、创业环境优越的我国北方经济中心；适应全球一体化发展趋势、对外联系便捷、信息网络高效、辐射能力强的国际港口城市；资源利用高效、安全体系完善、生态环境良好、宜人居住的生态城市；历史文化底蕴深厚、近代史迹特色突出、教育文化科技发达的文化名城。

因此，天津建设用地的发展必须为以高新技术产业为主的现代制造业基地；我国北方国际航运中心，航空枢纽港，区域综合交通枢纽；我国北方国际物流中心和会展中心；以金融、商贸、科技、信息、文化教育为主的区域性服务中心；以近代史迹为特点的国家历史文化名城和知名旅游城市；生态环境良好的宜居城市等功能的完善与提升提供建设用地。在滨海新区的发展被提到国家战略高度的前提下，重点保证滨海新区建设用地，带动天津经济发展，成为环渤海地区经济振兴的龙头，显得尤为重要。

（2）建设用地发展面临的政策新形势

国务院已经明确，把加快建设节约型社会、大力推进节约和集约利用土地，作为国民经济和社会发展"十一五"总体规划及专项规划的重要内容。因此，推动土地利用方式由粗放型向集约型转变，由大手大脚用地向例行节约用地转变，由宽松优惠供地政策向从严供地政策转变，由约束性不强的管理向依法依规的管理转变，大幅度提高土地利用率，有效保障土地供给，严格保护耕地和基本农田，重点控制建设用地已经成为当前建设用地发展所面临的政策新形势。

（3）建设用地发展面临土地资源约束

天津市耕地后备资源比较少，全市现状为未利用土地（包含了河流水面、沿海滩涂、内陆滩涂、沼泽地、裸地）扣除未利用土地中的河流水面、滩涂等需要加以保护的土地，未利用土地（沼泽地、裸地)实际仅占土地总面积的 0.4%。根据适宜性评价结果，在现有的技术条件和经济条件下，能够作为耕地后备资源的少之又少。在目前保护耕地、实行占补平衡政策条件下，由于耕地后备资源稀少，补充建设占用耕地的空间不足，限制了建设用地空间的发展。同时，天津湿地面积比较大，现有河流、滩涂、沼泽、苇地、水库等湿地面积占全市土地总面积的10%以上。其中，七里海、北大港水库、团泊洼水库等都是自然保护区。这些湿地对于保护和改善天津市的生态环境发挥了重要作用，但限制了建设用地的拓展。因此，在以上土地资源特征限制下，建设用地拓展的规模和空间位置受到一定程度限制。

总之，天津市在国家振兴环渤海区域经济的发展战略中被赋予重任，将会成为环渤海地区的经济中心和我国北方重要的经济中心。目前，天津正处于工业化、城镇化加快发展的进程中，其承载的人口、经济总量呈现不断上升趋势，土地需求十分强烈。在国家实行严格的耕地保护制度的前提下，在建设用地扩张受到生态环境的约束下，应突破传统的土地利用模式，在土地使用中积极探索节约和集约利用的模式与机制，做到存量建设挖潜和新增建设用地供应相挂钩，城镇用地增加和农村居民点用地减少相挂钩，有步骤有计划地促进土地集约和节约利用，严格保护耕地。

第二节 经济社会发展水平

1. 行政区划

天津市简称津，全市面积 11917.3 平方千米，常住人口 1516.81 万人（2014 年）。共有 16 个县级行政区划单位（15 个市辖区、1 个市辖县），243 个乡级行政区划单位（108 个街道、115 个镇、18 个乡、2 个民族乡）。市政府驻河西区友谊路。其中市辖区 15 个包括市内六区、环城四区，以及滨海新区、武清区、宝坻区、静海区、宁河区；1 个市辖县即蓟州区（参见图 4-5 和表 4-1）。

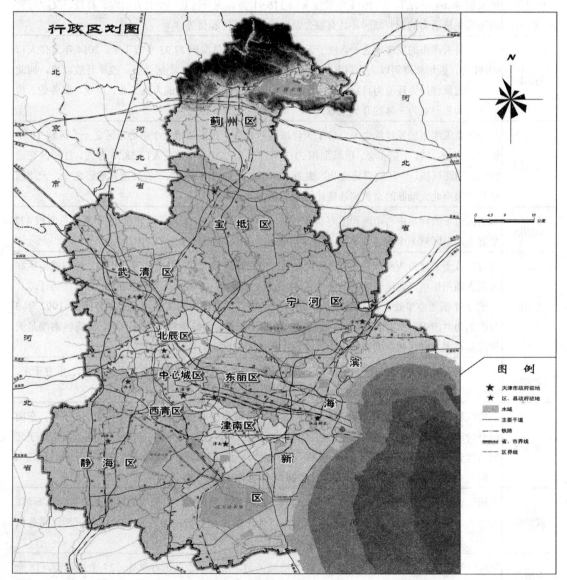

图 4-5 天津市行政区划略图

表 4-1　天津市各区行政区划状况

地区	行政区划状况
和平区	和平区位于天津市中心，是全市的政治、商贸、金融和信息中心，区辖 6 个街道办事处，62 个居委会。辖区面积 9.98 平方千米，2014 年常住人口 37.81 万人
河东区	河东区是天津市中心市区之一，位于天津市东部，占地 40 平方千米，区辖 13 个街道办事处，155 个居委会，第六次全国人口普查常住人口 98.85 万人，河东区是天津市的发祥地之一，是市区连接滨海新区的前沿，是实现天津市经济中心战略东移的要地
河西区	河西区位于天津市市区东南部，现为天津市党政机关所在地，因地处海河西岸而得名，区辖 13 个街道办事处，193 个居委会，区域面积 42 平方千米，2014 年常住人口 101.52 万
南开区	南开区是天津市行政区之一，位于中心城区西南部，区辖 12 个街道办事处，170 个居委会，区域面积 40.64 平方千米，2014 年常住人口 116.91 万。南开区是一个具有商贸、科技、文化特色的充满生机活力的新型城区，具有综合发展的有利条件和优势
河北区	河北区是天津市的发祥地之一，位于天津市区东北部，总面积 27.93 平方千米，2014 年常住人口 90.84 万，因地处海河以北而得名，区辖 10 个街道办事处，101 个居委会。改革开放以来，河北区以创造最佳投资环境为目标，致力于发展区域经济，逐步发展成为集工业、商业、服务业、房地产业和旅游业为一体的开放型城区
红桥区	红桥区是天津市的发祥地之一，位于天津城区西北部，是天津市六个中心市区之一，区辖 10 个街道办事处，171 个居委会，区域面积 21.3 平方千米，2014 年常住人口 58.76 万人。红桥区交通发达，道路纵横，中环线贯通南北，成为天津市赴北京、河北、东三省的重要通道之一，天津西站是连接南北大动脉的京沪高速铁路的重要枢纽站
东丽区	东丽区位于天津市中心市区和滨海新区之间，全境东西长 30 千米，南北宽 25 千米，总面积 477 平方千米，区辖 8 个街道办事处，60 个居委会，2014 年常住人口 71.70 万人
西青区	西青区位于天津市西南部，东与红桥区毗邻，南靠独流减河，与静海县隔河相望，西与武清区和河北省霸州接壤，北依子牙河。南北长 48 千米，东西宽 11 千米，全区总面积 570.8 平方千米，区辖 2 个街道办事处，49 个居委会，2014 年常住人口 80.94 万人。原名"西郊区"，1992 年 3 月改名为"西青区"。西青区政府设在杨柳青镇，是著名的杨柳青年画原产地。西青区南端是天津高新技术发展区域，大寺镇成为天津新发展的住宅区
津南区	津南区是天津市四个环城区之一，位于天津市东南部，海河下游南岸，总面积 420.72 平方千米，2014 年常住人口 70.89 万人，辖 8 个镇、29 个居委会
北辰区	北辰区位于天津市城北，北运河畔。东以北京排污河与宁河县相邻，边界线长 20.66 千米；东南隔金钟河、新开河与东丽区相望，边界线长 22.99 千米；南与河北区、红桥区相连；西南以子牙河与西青区相望，边界线长 27.5 千米；西、北均与武清县相接，边界线长 25.14 千米。区辖 4 个街道办事处，103 个居委会，9 个镇，2014 年常住人口 80.85 万人
武清区	武清区位于天津西北部，地处京津两市之间，系滨海平原地区，已探明的地下矿产资源有石油、天然气、煤、地下热水等。区辖 6 个街道办事处，33 个居委会，19 个镇，2014 年武清区常住人口 113.43 万人
宝坻区	宝坻区是天津市辖区之一，区政府位于宝坻城关镇，区辖 3 个街道办事处，27 个居委会，18 个镇，面积 1450 平方千米，2014 年常住人口 90.04 万人

续表

地区	行政区划状况
滨海新区	滨海新区是天津市的副省级区、国家综合配套改革试验区和国家级新区，位于天津东部沿海，面积 2270 平方千米，海岸线 153 千米，2014 年常住人口 289.43 万人。区辖 20 个街道办事处，282 个居委会，7 个镇。该新区紧紧依托北京、天津两大直辖市，拥有中国最大的人工港、最具潜力的消费市场和最完善的城市配套设施。凭借着得天独厚的资源，滨海新区已成为先进制造业产业区、滨海旅游区等著名的功能区
宁河区	宁河区位于天津市东北部，地处京津唐大城市群中间地带，面向广阔的华北、东北平原，总面积 1414 平方千米，2014 年常住人口 47.46 万人
静海区	静海区位于天津市西南部，距天津市区 40 千米，东临渤海，西连冀中，南临沧州，北接津京，素有"津南门户"之称，是国务院批准的沿海开放地区之一，2014 年常住人口 76.67 万人
蓟州区	蓟州区位于天津市最北部，地处京、津、唐、承四市之腹心，总面积 1593 平方千米，2014 年常住人口 90.71 万人

2. 人口

2014 年末，天津市常住人口 1516.81 万人，常住城镇人口 1248.04 万人，城镇化水平为 82.28%，户籍人口 1016.66 万人。其中，农业人口占 63.45%，非农业人口占 36.55%。全市人口出生率 8.58‰，人口死亡率 6.08‰，人口自然增长率 2.50‰，已经进入低速增长期。

3. 地区生产总值

2014 年天津市地区生产总值达到 15726.93 亿元，比上年增长 8.90%。其中，第一产业生产总值为 201.53 亿元，第二产业生产总值为 7766.08 亿元，第三产业生产总值为 7759.32 亿元。全市人均生产总值达到 105231 元，比上年增长 5.12%。社会劳动生产率达到 182376 元/人，比上年增长 4.22%。

4. 居民收入与消费

2014 年城镇单位从业人员人均劳动报酬 58635 元，增长 13.9%。城市居民人均可支配收入 26921 元，增长 10.8%；农村居民人均纯收入 11891 元，增长 15.5%。居民生活水平持续提升。2014 年城市居民人均消费性支出 18424 元，增长 11.2%。其中，服务性消费支出 4683 元，增长 8.9%；商品性消费支出 13741 元，增长 12.1%，快于服务性消费支出 3.2 个百分点。农村居民人均生活消费支出 6725 元，增长 19.96%，其中衣着、交通通信支出分别增长 17.13% 和 84.98%。

5. 产业规模及结构

2014 年第一产业稳定发展，完成增加值 159.72 亿元，比上年增长 9.71%；第二产业仍为推动天津经济快速增长的主要力量，完成增加值 5928.32 亿元，增长 22.48%；第三产业发展提速，完成增加值 5219.24 亿元，增长 23.13%。三次产业对经济增长的贡献率分别为 0.4%、58.6% 和 41.0%；三次产业结构由 2005 年的 2.9∶54.6∶42.5 变化为 2014 年的 1.4∶52.4∶46.2。

第三节　发展规划与功能定位

一、功能定位

到 2020 年，天津将建设成为技术先进、制造业发达、服务水平一流、综合竞争力强、对外开放度高、创业环境优越的北方经济中心；适应全球一体化发展趋势、对外联系便捷、信息网络高效、辐射能力强的国际港口城市；资源利用高效、安全体系完善、生态环境良好、宜人居住的生态城市；历史文化底蕴深厚、近代史迹特色突出、社会和谐、教育文化科技发达的文化名城。

《天津市城市总体规划（2005～2020 年）》提出，天津市是环渤海地区的经济中心，要逐步建设成为国际港口城市、北方经济中心和生态城市。天津市城市职能是现代制造和研发转化基地，我国北方国际航运中心和国际物流中心，区域性综合交通枢纽和现代服务中心，以近代史迹为特点的国家历史文化名城和旅游城市，生态环境良好的宜居城市。天津市应积极构筑高层次产业结构，加快基础设施建设，加强区域合作，实施科教优先发展和人才战略。

《天津市土地利用总体规划（2006～2020 年）》提出，天津市中心城区应调整城市功能布局与产业结构，提升金融、商贸、科教、信息、旅游等现代服务职能，适当发展都市型工业，塑造城市文化特色，改善城市生活环境，提升城市环境质量，中心城区规划范围 795.1 平方千米，建设用地总规模控制在 591.2 平方千米以内。

二、发展方向

《天津市国民经济和社会发展"十二五"规划》主要从产业体系、城市载体功能建设、改善民生等方面提出产业发展的规划。

1. 加快构筑高水平现代产业体系

一是做大做强先进制造业，进一步发展八大优势支柱产业，推动产业集成集群发展。二是进一步加强创新能力建设，进一步完善科技创新体系，建设产学创新联盟、国家重点实验室、研究中心等科技企业孵化器。三是推动服务业发展实现新突破，做大做强金融业、积极发展现代物流业、加快发展旅游业、加强发展家政、养老等社区服务业，推动房地产业健康稳定发展，推动信息咨询、研发设计、服务外包、文化创意、会展经济、总部经济、楼宇经济等新兴服务业加快发展。

2. 加快城市基础设施建设

进一步加快海港、空港、高速铁路、高速公路、地铁"两港三路"为重点的重大基础设施建设，建成天津站、西站、于家堡站等综合交通枢纽。建成津秦客运专线、津保线、西南环线等铁路工程，完成唐津、京津塘高速公路拓宽改造及滨石高速公路建设。大力发展轨道交通，建成地铁 5、6 号线，启动 4、7、10 号线。加强中心城区路网建设。优先发展公共交通。加强城乡公用设施建设，提高供水、排水、供电、供热、燃气、通信等保障能力。

3. 推进基本公共服务均等化发展

一是坚持优先发展教育事业，增建 120 所公办幼儿园，提升改造乡镇中心幼儿园，建成海河教育园区，加快提升高等教育质量和水平。二是提高医疗卫生服务水平，强化医疗卫生服务体系建设，使每个郊区县都有一所三级标准的综合医院和二级甲等以上标准的中医院，每个街道、乡镇都有一所标准化的社区卫生服务中心，每个村都有一个达标的卫生室。三是打好文化大发展大繁荣攻坚战，建成天津文化中心等公共文化设施，推进文化惠民工程，基本建成覆盖城乡、较为完善的公共文化服务体系，加快建设国家动漫产业综合示范园、国家数字出版基地等重点文化项目，培育一批文化创意产业聚集区，搞好体育场馆建设等。

第五章 天津市建设用地使用标准体系建设的思路

第一节 指导思想与总体目标

一、指导思想

近年来，中央针对我国耕地保护的严峻形势，不断强调严格耕地保护措施、大力推进土地集约利用、切实提高土地利用效率，相继出台了《国务院关于深化改革严格土地管理的决定》（国发〔2004〕28 号）、《国务院关于加强土地调控有关问题的通知》（国发〔2006〕31 号）和《国务院关于促进节约集约用地的通知》（国发〔2008〕3 号），《工业项目建设用地控制指标》（国土资发〔2008〕24 号）、《关于大力推进节约集约用地制度建设的意见》（国土资发〔2012〕47 号）、《关于严格执行土地使用标准大力促进节约集约用地的通知》（国土资发〔2012〕132 号）、《节约集约利用土地规定》（国土资源部令第 61 号）等一系列文件，强调深化土地管理改革、严格建设用地审批、推进土地节约集约利用，要求各地建立建设用地定额指标和土地集约利用评价指标体系，规范建设用地管理。

二、总体目标

当前，天津市面临着"五大战略"叠加的发展机遇。党中央、国务院把京津冀协同发展确定为重大国家战略，着力解决京津冀发展中的深层次问题，培育新的经济增长极，形成新的经济发展方式，为天津市发展拓展了广阔空间。自由贸易试验区建设，有利于天津市抢占新一轮改革开放制高点，为国家试验制度，为地方谋求发展。国家自主创新示范区也将为全市科技创新提供重要的战略支撑。滨海新区经过多年的开发建设，蓄积的能量正在不断释放，具备了向更高水平发展的基础和条件。"一带一路"重大战略深入实施，天津市作为亚欧大陆桥东部起点、中蒙俄经济走廊主要节点和海上合作战略支点，桥头堡作用更加凸显。千载难逢的重大机遇为天津市带来发展的同时，对用地需求保障和土地节约集约利用提出了更高的要求。近年来，天津市尽管在加强土地管理，促进节约集约用地工作方面做出了许多尝试和创新，取得了较好的成效，但仍面临许多困难和亟需解决的问题。

当前阶段，利用标准的约束和调控作用，真正实现各建设项目土地的节约集约利用，是贯彻"十分珍惜，合理利用土地和切实保护耕地"的基本国策，坚持最严格的耕地保护制度和最严格的节约用地制度的重要保障，也是落实节约优先战略，坚持科学、合理、节约用地的原则的重要体现。从我国人多地少、耕地后备资源不足的基本国情出发，综合考虑我市土地资源状况、社会经济发展状况及生产工艺技术发展水平等，总结以往建设用地利用正反两方面的经验，遵守国家和天津市有关法律、法规和技术经济政策，与有关建筑标准和国家以及天津市有关现行标准相衔接，制定天津市建设用地使用地方标准，重点实现以下几点工作目标：

（1）开展建设用地控制标准修订工作，进一步落实国土资源部和天津市相关工作要求，进一步完善天津市建设用地使用标准体系。

（2）通过用地标准的制定，为土地规划审批、建设项目用地预审、农用地转用和土地征收审批、供地文件编制、用地监管核查等工作提供政策依据和制度规范，推动节约集约用地工作落到实处。

（3）建立天津市建设项目用地定额管理制度，明确规定用地标准的管理范围和权责归口，严格依据用地标准进行审批和供应。以用地标准为抓手，建立建设项目竣工验收联审制度，推动批后监管工作落实。

第二节　基本原则、依据与方法

一、基本原则

1. 资源约束原则

项目工作一定要建立在土地资源节约集约利用的基础上，贯彻"十分珍惜、合理利用土地和切实保护耕地"的基本国策，充分体现建设用地使用标准和节约集约用地评价指标的控制性和约束性。在建设用地使用标准修订和节约集约用地考评体系建设等工作中，须始终贯穿节约集约用地理念，体现用地标准与考评体系促进城市节约集约发展和可持续发展、打破资源约束瓶颈的思想。

2. 适应需求原则

项目工作应以满足实际管理工作需要为目的，建设用地使用标准应以当前的土地资源条件、经济社会发展条件和产业发展规划等为基础进行修订。用地标准能够满足建设项目可行性研究和初步设计的需要，能够起到检查验收工业项目建设用地情况和进行违约责任追究重要尺度的作用。研究制定的相关配套政策措施须具有良好的兼容性，应与当前的管理工作流程和相关制度相适应，达到提高工作效率的目的。

3. 简便易用原则

工作成果应在科学合理的基础上，以简单、易操作为基本目标，建设用地使用标准选取的控制指标应尽量可统计、可量化，以满足实用为准则；节约集约用地考核评价指标体系应尽量核心、通用、简、少、易获取，以保证成果的顺利施行和有效应用。

4. 适度超前原则

建设用地使用标准的修订和节约集约用地考核评价体系的建设是以加强建设项目用地管理，促进节约集约用地，加快我市产业结构调整为目的，用地标准和考核评价体系在满足当前用地单位和土地管理部门工作需要的同时，也应充分考虑未来 2～3 年经济社会发展的需要。因此，工作成果应充分考虑未来的土地资源条件、经济社会发展条件和产业发展规划的变化情况，控制标准应适当超前。

5. 横向衔接原则

本次天津市建设用地使用标准的制定，本质上是对天津市现有土地使用标准体系的补充和完善，需充分研究、利用天津市和国家现有的相关规划、技术标准，参考工程项目有关定额、指标，与国家以及天津市现行有关标准相衔接。

二、基本依据

1. 相关政策

（1）《国务院关于深化严格土地管理的决定》（国发〔2004〕28号）。

（2）《国务院关于发布实施〈促进产业结构调整暂行规定〉的决定》（国发〔2005〕40号）。

（3）《国务院关于促进节约集约用地的通知》（国发〔2008〕3号）。

（4）《关于大力推进节约集约用地制度的意见》（国土资发〔2012〕47号）。

（5）《国土资源部关于严格执行土地使用标准大力促进节约集约用地的通知》（国土资发〔2012〕132号）。

（6）《关于发布实施〈限制用地项目目录（2012年本）〉和〈禁止用地项目目录（2012年本）〉的通知》（国土资发〔2012〕98号）。

（7）《国土资源部关于印发开展城镇低效用地再开发试点指导意见的通知》（国土资发〔2013〕3号）。

（8）《节约集约利用土地规定》（国土资源部令第61号）。

（9）《国土资源部关于推进土地节约集约利用的指导意见》（国土资发〔2014〕119号）。

（10）《关于促进土地节约集约利用实施意见》（津政办发〔2014〕78号）。

2. 相关规划

（1）《国土资源"十二五"规划纲要》。

（2）《能源发展"十二五"规划纲要》。

（3）《天津市国民经济发展第十二个五年规划纲要》。

（4）天津市各行业规划资料。

3. 相关行业规范

（1）《国民经济行业分类》（GB/T 4754-2011）。

（2）《新城市用地分类与规划建设用地标准（2012）》。

（3）《土地利用现状分类与编码》（GB/T 21010-2007）。

三、主要方法

项目工作开展主要采用了文献资料调查与实地调查相结合、对比分析与实证检验相结合、聚类分析与四象限分析相结合等多种科学研究方法。

1. 文献检索和资料收集

建设用地标准与国家和地方政策、区域经济发展情况息息相关，标准制定前及制定过程中，通过网络、文献查阅等途径全面收集国家工业项目建设用地标准，北京、上海、广州、深圳、浙江、江苏等地方相关建设用地标准，以及天津市城市规划、土地利用总体规划、"十二五"规划、行业规划、计划等资料。通过文献阅读研究、数据库检索,收集和学习相关政策资料、理论,总结国内外建设用地标准制定的先进经验与做法,为天津市建设用地使用标准制定工作的开展奠定理论基础。

2. 政策梳理与分析

梳理国家和天津市关于节约集约用地方面的相关政策要求与政策导向,分析天津市建设用地使用的主要特点及存在的问题,紧密结合天津市经济社会发展实际,增强建设用地使用标准制定的科学性和标准的可用性,为提高天津市建设用地管理水平服务。

3. 标准对比与论证

在全面分析评估国内现行建设用地标准的基础上,通过标准对比分析法,比较确定天津市建设项目用地使用标准的指标初始值,在分析天津市实际与相关产业发展需求的基础上,论证相应控制指标标准初始值的合理性。

4. 实证检验与修正

以天津市现有建设项目的用地信息作为基础数据,对新制定的标准指标值进行实例验证,并修正不符合天津市发展实际的指标值,最终确定天津市建设用地使用标准的指标值,以确保新标准的可操作性。

第三节　标准体系设计

一、总体工作思路

项目工作按照"系统梳理、立足实际、科学测算、分步制定"的总体思路,在既有工作的基础上,系统梳理国家及各地现行土地使用标准和节约集约考评体系,充分总结各方有益经验;立足于天津市在全国的实际位置,采用多种科学测算方法,运用信息化技术手段,合理制定标准和评价体系;通过研发实现信息化管理和自动更新的数据库管理系统,实现天津市土地节约集约利用标准管控和考核评价工作的信息化、智能化管理;按照"分步制定,逐一公布"的思路,成熟一个,公布实施一个。将建设用地使用标准、考评体系、管理制度有顺序地分步上报市政府审批公布,从政府高度全面统筹天津市节约集约用地标准和评价体系,打通节约集约用地的行政管理环节。本项工作的流程如图5-1所示。

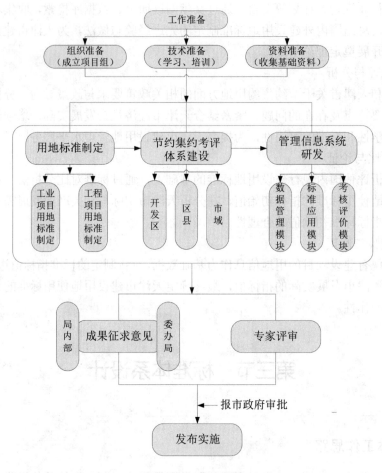

图 5-1　工作流程图

二、标准体系设计思路

1. 工业项目

天津市工业项目标准体系的设计,主要参照国家和地方现行的工业用地标准的分类体系,通过对比分析,结合天津市"十三五"产业发展需要,衔接最新的土地管理政策,综合考量工业用地标准的指标设置情况和适用情况,选择有利于促进节约集约用地、提高管理效率等现实需要的指标类型,总结国土部门预审、批地、供地、监管等工作环节对建设项目容积率、投资强度等节约集约用地指标的客观需求,建立工业用地节约集约用地指标体系。

2. 工程项目

天津市工程项目标准体系的设计,首先以《划拨用地目录》为基础,确定符合天津市发展规划的工程项目分类体系。以国家出台的《土地使用标准汇编》(上下)、《划拨用地目录》(国土资源部令第 9 号)和各地方出台的建设用地控制标准中所列的项目为参考,结合天津市及各区县"十二五"规划、行业规划、重点建设项目计划等相关规划、计划资料,确定天津市未来几年工程项目的发展重点,从而制定符合天津市发展需要的工程项目体系。

在工程项目体系构建的基础上,以简便易用为原则,确定用地标准控制指标体系。以国家出台的《土地使用标准汇编》(上下)和各地方出台的建设用地控制标准中所采用的控制指标为参考,结合天津市现有的相关工程项目的建设用地使用标准,以及实际工作的可操作性确定控制指标。

三、标准体系内容

本次天津市建设用地标准体系建设,共制定了18项建设用地控制指标,总体可分为工业项目和工程项目两个部分。

1. 工业项目

(1)确定分类体系

分析国家以及北京、上海、广州、河北等国内现行工业用地标准的分类体系,比较各地工业用地标准分类体系的异同,在整理分析天津市的重点工业行业发展方向的基础上,结合国发〔2008〕3号文、国土资发〔2012〕47号文的相关政策要求,分析确定基本覆盖城乡、覆盖天津市各类工业产(行)业的建设用地使用标准分类体系。天津市的工业行业体系确定为二级行业类别,共31个行业,如表5-1所示。

表5-1 天津市工业项目行业分类体系

行业代码	行业名称
13	农副食品加工业
14	食品制造业
15	酒、饮料和精制茶制造业
16	烟草制品业
17	纺织业
18	纺织服装、服饰业
19	皮革、毛皮、羽毛及其制品和制鞋业
20	木材加工和木、竹、藤、棕、草制品业
21	家具制造业
22	造纸和纸制品业
23	印刷和记录媒介复制业
24	文教、工美、体育和娱乐用品制造业
25	石油加工、炼焦和核燃料加工业
26	化学原料和化学制品制造业
27	医药制造业
28	化学纤维制造业
29	橡胶和塑料制品业
30	非金属矿物制品业
31	黑色金属冶炼和压延加工业
32	有色金属冶炼和压延加工业
33	金属制品业
34	通用设备制造业

行业代码	行业名称
35	专用设备制造业
36	汽车制造业
37	铁路、船舶、航空航天和其他运输设备制造业
38	电气机械和器材制造业
39	计算机、通信和其他电子设备制造业
40	仪器仪表制造业
41	其他制造业
42	废弃资源综合利用业
43	金属制品、机械和设备修理业

（2）选定指标体系

梳理评估现行标准的指标体系。评估分析国内现行工业项目用地标准的使用情况，对比分析工业用地标准的指标设置情况和适用情况，总结有利于促进节约集约用地、提高管理效率等方面的指标类型。

分析实际工作的需要。分析总结国土部门预审、批地、供地、监管等工作环节对建设项目容积率、投资强度等节约集约用地指标的具体要求。

建立工业用地节约集约用地指标体系。在国家标准和各地方出台的工业用地标准指标体系的基础上，结合天津市的土地资源条件、经济社会发展水平和实际土地管理工作的需要，将天津市工业用地标准指标体系分为控制性指标和预期性指标。

初步选择容积率、投资强度、建筑系数、绿地率、行政办公及生活服务设施、预期土地产出强度、预期土地税收产出强度等七个指标构成指标体系。其中，容积率、投资强度、建筑系数、绿地率、行政办公及生活服务设施用地所占比重等指标作为控制性指标，预期土地产出强度、预期土地税收产出强度作为预期性指标。

同时，考虑指标的刚性与弹性，设立指标的控制值和推荐值等。

2. 工程项目

充分参考《划拨用地目录》、国家标准、地方标准以及天津市现行的有关工程项目的用地标准中对工程项目的分类方式，结合天津市工程项目发展方向，制定了天津市工程项目建设用地标准体系，主要包括20项工程项目，基本涵盖了《划拨用地目录》，包含了《土地使用标准汇编》（上下）中的全部项目类别，如表5-2所示。

各地现行工程项目建设用地使用标准中各项目采用的控制指标如表5-3所示。由表5-3可知，各地工程项目建设用地标准控制指标一般采用用地规模、建筑规模、单位用地面积、单位建筑面积、容积率、绿地率等。参考国家标准、地方标准对工程项目建设用地面积的控制指标，本着简便易用的原则，天津市采用用地规模（总用地面积）和单位用地面积对各工程项目用地进行控制。

表 5-2　天津市工程项目建设用地标准体系

序号	项目名称	项目名称
1	市政基础设施项目建设用地标准	供水工程项目建设用地标准
		排水工程项目建设用地标准
		燃气供应项目建设用地标准
		供热工程项目建设用地标准
		通信工程项目建设用地标准
		公共交通项目建设用地标准
		城市生活垃圾处理工程项目建设用地标准
		市政道路项目建设用地标准
		公共绿地项目建设用地标准
		消防设施项目建设用地标准
2	非营利性邮政设施项目建设用地标准	邮政运输项目建设用地标准
		物流配送中心项目建设用地标准
3	教育系统项目建设用地标准	学前教育项目建设用地标准
		普通中小学项目建设用地标准
		中等职业教育建设用地标准
		高等教育项目建设用地标准
		特殊教育项目建设用地标准
4	公益性科研机构项目建设用地标准	—
5	非营利性体育设施项目建设用地标准	体育训练场项目建设用地标准
		城市社区体育设施项目建设用地标准
6	非营利性公共文化设施项目建设用地标准	图书馆项目建设用地标准
		博物馆项目建设用地标准
		文化馆项目建设用地标准
		青少年文化设施项目建设用地标准
7	卫生系统项目建设用地标准	综合性医院建设用地标准
		中医医院建设用地标准
		专科医院和疗养院建设用地标准
		卫生院社区医疗场所建设用地标准
		妇幼保健机构建设用地标准
		疾病预防及防疫建设用地标准
		其他卫生机构建设用地标准
8	非营利性社会福利设施用地	养老设施项目建设用地标准
		残疾人康复中心建设用地标准
		儿童福利院建设用地标准

序号	项目名称	项目名称
9	电力工程项目建设用地标准	火电厂建设用地标准
		风电场建设用地标准
		变电站和换流站建设用地标准
10	水利设施项目建设用地标准	—
11	新建铁路工程项目建设用地标准	—
12	公路工程项目建设用地标准	—
13	河港码头工程项目建设用标准	—
14	海港码头工程项目建设用标准	—
15	民用航空运输机场工程项目建设用地标准	—
16	特殊用地项目建设用地标准	监狱项目建设用地标准
		看守所项目建设用地标准
		拘留所项目建设用地标准
		强制戒毒所建设用地标准
17	仓库项目建设用地标准	—
18	墓葬项目建设用地标准	—

表 5-3 各地工程项目用地标准控制指标

序号	类别	省市	项目	用地指标情况
1	电力工程项目	河北	风力发电厂	控制指标采用单机用地面积、投资强度、单位容量用地面积，按照类型和规模设定指标值
			光伏发电厂	控制指标采用投资强度和单位容量用地指标
		上海	电力、热力生产和供应业	控制指标采用容积率、投资强度、土地产出率、土地税收产出率等
		广州	垃圾焚烧发电厂	采用用地面积指标，按照类型和规模确定指标值
			水电站厂房	按照类型直接规定用地面积上限和下限值
			变电站工程	采用用地面积和调整指标，按照类别和规模设定指标值
		江苏	发电厂项目	采用用地面积指标，按照规模设定指标值
			变电站项目	控制指标采用用地面积和调整指标，按照项目类型、规模设定指标值
2	铁路工程项目	河北	综合用地指标	按照不同的分类、等级、牵引种类、地形地貌设定综合用地面积
			客货共线铁路车站	按照车站类型、地形地貌、动力设定用地面积指标
			客运专线铁路车站	按照类型、规模确定用地面积指标
		广州	铁路工程用地	采用用地面积指标，按照类别、地形、动力等设定指标值
			区间正线	按照类别和地形设置指标值
			铁路中间站	站坪长度按照车站类型设定

续表

序号	类别	省市	项目	用地指标情况
3	公路工程项目		中间站	采用用地面积指标，按照车站类型、牵引种类和地形地貌设定指标值
			区段站分段	按照类型规定站坪长度
			区段站用地	采用用地面积指标，按照车站类型、牵引种类和地形地貌设定指标值
			编组站用地	采用站坪长度和用地面积指标，按照车站类型进行设置
			货运站	按照货运量设置用地面积
			客运站	按照规模设定用地面积
			货运中心	直接设置各功能分区的用地面积
			新建客运专线	按照地形、牵引种类设定用地面积指标
		江苏	新建铁路	按照类别、牵引种类设定用地面积指标
			区间正线	按照类型、地形、牵引种类设定用地面积指标
			车站	按照车站类型、规模、牵引种类、地形规定用地面积
	公路工程项目	河北		按照公路等级、地形种类设定用地面积指标，分为高值、中值、低值三种
		广州	城市道路	采用红线宽度用地指标，按照道路类型设定指标值
			平面交叉口	采用用地面积指标，按照相交道路等级和相交类型设定
			管理设施	采用用地面积指标
			城市广场	按照级别确定用地面积
			互通式立交	按照类型确定用地面积
			停车场	按照车的类别和规模确定用地面积
			养护设施	按照养护设施类型确定用地面积
			路基工程	按照公路等级和地形确定用地面积
			服务区	按照规模确定用地面积
			收费设施	根据车道数和规模确定用地面积
		江苏	公路项目总指标	采用用地面积指标，按照地形、公路等级确定指标值
			路基工程	按照路基宽度分地形确定用地面积
			交叉工程	按照交叉形式、交叉股数和公路等级确定用地面积
			沿线设施	按照类型、公路等级确定用地面积
4	教育系统	北京	普通高等学校	控制指标采用生均用地面积、用地面积和容积率，按照中心城区和中心城区外两种形式确定指标值
		陕西	综合大学、师范、政法、财经、外语院校	采用生均体育建设场地、生均校舍建设用地、生均校园用地总指标等，按照建设规模确定各指标值
			工业、农业、林业、医学类院校	
			体育/艺术类院校	

序号	类别	省市	项目	用地指标情况
		江苏	科研机构	采用单位用地指标，按照建设规模分别给出低层、多层、低层与高层结合等三种指标值
			学前教育	采用容积率、建筑系数、绿地率、总用地面积和生均用地面积，其中总用地面积和生均用地面积按照建设规模设定指标值
			初等教育	采用容积率、绿地率、生均体育活动场地、生均校舍用地、生均校园用地等指标，按照建设规模分一般标准和农村标准给出指标值
			中等教育	
			高等教育	
			特殊教育	采用生均用地面积、平均每班用地面积，按照建设规模设定指标值
		广州	幼儿园	采用用地面积、生均用地面积两个控制指标，分为都会区和外围区域，按照规模设定指标值
			小学	
			初中	
			高中	
			九年一贯制学校	
			完全中学	
			中等职业教育	采用生均用地面积控制指标，按照学校类别设定指标值
			高等职业教育	
5	保障性住房	北京	经济适用房	控制指标采用人均用地面积、套型标准、容积率、套密度、居住人口毛密度等指标，根据建筑高度设置指标值
		江西	经济适用房、廉租住房	控制指标采用容积率、建筑密度等指标，按照建设规模或类型设置指标值
6	墓葬项目	江西	公墓	控制指标采用单位用地指标和绿地率，按照类别设定指标值
			骨灰堂	
		辽宁	经营性公墓	采用用地面积指标，按照类别设定指标值
		江苏	公墓	控制指标采用单位用地定额标准和绿地率，按照类别设定指标值
			安息堂	
		河北	墓地	采用用地指标和约束指标，给定指标上限值
			殡葬场所	采用用地面积指标，按照人口规模设定指标值，并给出指标浮动范围
		广州	殡仪馆	采用用地面积、单位用地面积、穴位数/可处理遗体数等指标，按照类型设定指标值
			经营性公墓	
			骨灰堂	
			安放地	
7	监狱项目	陕西		采用单位用地指标、建设用地总量两个指标，按照类型、规模设定指标值
		江苏		采用人均用地面积，按照规模设置指标值

序号	类别	省市	项目	用地指标情况
8	仓储项目	河北		采用单位用地指标，按照地类分别设定指标标准值
		江西	粮库	采用单位用地指标，按照仓型设定指标值
			棉库、麻库	采用单位用地指标，按照规模设定指标值
			其他仓储、配送业建筑	采用单位用地指标，按照日流通量确定指标值
		江苏	仓储配送行业	
9	卫生系统	江苏		控制指标采用建筑容积率、绿地率、单位用地指标，单位用地指标按照类别、建设规模或类型确定指标值
		辽宁	综合医院及卫生院	采用床均用地指标和容积率，按照建设规模设定指标值
			妇幼保健院、疾病预防控制和防疫站	采用人均用地指标和容积率，按照建设规模设定指标值
		江西	综合医院	采用容积率、绿地率、人均用地面积等控制指标，人均用地面积指标按照建设规模设定指标值
			中医医院	
			专科医院和疗养院	
			卫生院及社区医疗场所	
			妇幼保健机构	
			疾病预防控制及防疫机构	
			其他医疗机构	
		河北	综合医院	采用床均用地指标，按照建设规模确定用地面积

第六章　天津市工业项目建设用地标准的制定

第一节　天津市工业项目建设用地标准控制现状

一、天津市现行工业项目建设用地标准概述

天津市国土部门尚未正式出台工业方面的建设项目用地标准,多年来一直沿用国家标准。2009 年,天津市国土资源和房屋管理局在组织开展的天津市建设项目节约集约用地控制标准制定工作基础上,经过大量数据调查、反复论证,根据国土资源部 2008 年发布的《国家工业控制指标》,制定了天津市工业项目建设用地控制指标,并上报了市政府。2009 年天津市发布实施的《天津市城市规划管理技术规定》(天津市人民政府 2009 年令第 16 号),对工业用地作出了相关规定,将工业用地分为一类、二类和三类,并对三类用地的容积率及行政办公和生活服务设施用地所占比例进行了相应的控制。

二、天津市现行工业项目建设用地标准的成效

自制定《天津市工业项目建设用地控制指标》以来,天津市不断推动大项目好项目建设,产业结构调整和优化升级不断加快,强化了建设用地控制指标对产业用地的管控作用,节约集约用地的水平得到不断提高。与此同时,随着天津市节约集约用地的各项政策和制度体系的不断完善,工业用地节约集约利用的可操作性不断提升。近年来,天津市各区县积极推进城中村改造、旧城改造、闲置土地处理、模范县创建、落实单位国内生产总值建设用地下降目标等一系列土地粗放、低效利用的整治实践工作,并取得了显著成效,各级政府已经把节约集约用地变成了自觉行动,节约集约用地意识明显提高。

三、天津市现行工业项目建设用地标准的不足

随着天津市城市化、工业进程的不断深化,原有的用地控制指标已难以满足经济社会发展带来的建设用地管理新需求。以近 5 年为例,天津市工业用地综合容积率平均水平为 0.79,低于北京平均水平(0.95)、上海平均水平(0.99);工业用地投入(2481 万元/公顷)远低于北京平均水平(5563 万元/公顷)、上海平均水平(5958 万元/公顷)。同时,工业用地地价的不合理,致使目前还存在不同程度粗放利用土地的情况。近 5 年天津市工业地价(313 万元/公顷)与北京平均水平(1023 万元/公顷)、上海平均水平(767 万元/公顷)差距明显。在土地节约集约利用水平与其他省市相比尚有一定差距的现实背景下,天津市有必要对原有的

建设项目用地控制指标进行完善，充分发挥发改、经信、规划、国土等部门的联动性，强化用地标准全过程监管，进一步促进土地节约集约利用，更好地满足"十三五"期间我市工业项目建设用地需求。

第二节 天津市工业项目建设用地标准的制定思路

一、基本思路

天津市工业项目建设用地标准的制定工作主要分为三个环节：

一是立足于天津市在全国的实际位置，制定工业项目建设用地使用标准的初始值。根据国内各代表性省市建设用地地均 GDP 的排名情况，采用优序对比分析法确定天津市在全国的位置及各代表性省市的参考权重，以此为依据，对比分析国家和全国各省市的现行工业用地标准，取各代表性省市的工业用地标准的加权平均值作为天津市标准的指标初始值。

二是以现有成果为基础，以实现标准的差别化控制为导向，确定天津市区域土地等级的划分结果。以基准地价、征地区片价等现有土地分等定级成果为基础，结合投资强度、地均产出、土地出让价等因素的区域级差分析，在 2009 年《关于批准试行〈天津市工业项目建设用地控制指标〉的请示》的基础上，运用自然聚类法和四象限分析法划定天津市工业项目用地标准的区域土地等级，实现指标的差别化控制。

三是与实际用地情况和现行标准相衔接，开展项目用地检验，确定用地标准最终值。结合 2006～2013 年天津市已供工业项目的实际用地情况，按照划定的四个用地等级，分别验证各行业、各类指标，并结合《天津市城市规划管理技术规定》最终确定工业项目用地标准的指标值。

二、具体方案

立足于天津市在全国节约集约用地水平中的实际位置，在工业项目标准体系建立的基础上，首先建立工业标准一体化数据库，并采用优序对比分析法确定各参考城市的权重，运用标准对比分析法计算工业项目用地标准的初始值，采用自然聚类法和四象限分析法进行区域土地等级划分，并结合实际项目用地情况验证修正，最终研究确定天津市工业项目用地控制标准。在此基础上，制定工业用地标准初始值，进行区域等级划分后，再进行样本验证分析。工业项目标准制定的技术路线如图 6-1 所示。

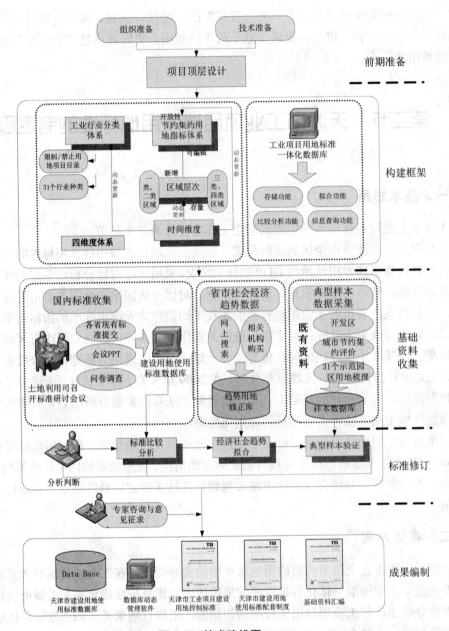

图 6-1 技术路线图

第三节　工业标准一体化数据库建设

一、数据库结构设计

1. 工业行业分类体系的确定

工业行业的分类体系按照前文所述，划分到二级行业类别，共 31 个行业。

2. 区域土地等级划分的统一

梳理各地区域等级划分的异同。分析收集到的国家及地方现行工业用地标准，各地工业用地标准的区域土地等级划分差异性很大。其中，上海共分为四类，广州分为都会区和外围区域两类，北京分为中心城区和中心城区外两类，安徽分为国家级工业园区、省级工业园区及工业园区外等三类。

经研究发现，各区域分级所包含行政区域均细分到区县级别，与全国土地等别分级细分到区县级别类似，即各地方区域分级可转换为全国土地等别分级。

以全国土地等别分级统一各地区域分异。本项目将全国土地等别分级作为区域土地等级划分标准，统一各地现行工业用地标准。

3. 工业用地标准一体化数据库指标体系的确定

工业用地标准数据库指标体系综合考虑了掌握的 14 个地方标准的指标体系，尽可能保证各地标准内容的完整性。因此，数据库指标体系基本包含了各地方用地标准的指标，即包含了容积率、投资强度、建筑系数、行政办公及生活服务设施用地所占比重、绿地率、土地产出率、土地税收产出率等指标。

二、工业用地标准入库

1. 规范化处理

由于各地出台的工业项目用地标准在行业分类、区域分级、指标采用情况等方面不尽相同，因此，先要对各地标准进行规范化处理，使各地标准在同一个体系之下。

针对收集到的国家以及深圳、广州、上海、北京、浙江、广东、福建、江苏、辽宁、河北、河南、广西、安徽等 14 个现行工业用地控制指标，作如下规范化处理：

（1）将行业分类规范到二级行业类别；

（2）将区域土地等级按照全国土地等别重新划分；

（3）控制指标体系以构建的数据库指标体系为准，没出台相关指标的标准补零。

2. 用地标准入库

以指标体系为横向维度，以行业分类体系、区域分级为纵向维度，设计数据库的二维结构表，运用 Excle/Access 手动录入收集到的经过规范化处理的北京、上海、广州、深圳等 14 个现行工业用地标准，建立全国统一的工业用地标准一体化数据库。

第四节　工业用地标准的初步制定

一、参考省市权重确定

选择北京、上海、广州、深圳、江苏、福建、浙江等 9 个具有代表性的省市作为制定《控制标准》的参考对象，各省市与天津市经济发展状况和节约集约用地水平越相近，则认为该省市的工业项目用地标准对于天津市的参考性越大。这里选择地均建设用地 GDP 作为衡量各省市经济发展状况和节约集约用地水平的指标。

采用优序对比分析法确定各省市用地标准对天津市标准的影响程度，进而确定各参考省市的权重。首先，以地均建设用地 GDP 为基础数据，对全国主要省市进行排名；其次，从排名中找到参考省市及其排名；最后，以参考省市的排名情况为基准，运用优序对比分析法确定各省市的权重。优序对比分析法通过各项因素两两比较，充分考虑各项因素之间的互相联系，从而确定其权重。权重值计算过程如下：

1. 构建判断尺度

重要程度判断尺度采用 1、2、3、4、5 五级表示，数字越大，表明重要性越大。当两个目标对比时，如果一个目标重要性为 5，则另一个重要性为 0；如果一个目标为 3，则另一个为 2。

2. 计算差值

以各省市地均建设用地 GDP 排名为基准，计算各省市与天津市排名的差值的绝对值和地均建设用地 GDP 的差值绝对值：

排名差值绝对值＝｜省市排名－天津市排名｜

地匀建设用地GDP差值绝对值＝｜省市地均建设用地GDP－天津市地均建设用地GDP｜

3. 构建重要性矩阵

以各省市排名情况及排名差值绝对值、地均建设用地 GDP 差值绝对值为基准，两两省市进行对比，计算各省市重要性矩阵：

（1）当省市排名差值绝对值不相等时，A、B 省市进行对比，则 A、B 省市的重要性分值按照如下公式计算：

$$重要性_A = ROUND\left(\frac{5b}{a+b}, 0\right) \qquad 重要性_B = 5 - 重要性_A$$

式中：a、b 分别表示 A、B 的排名差值绝对值；ROUND（Number，0）表示四舍五入取整。

（2）当省市排名差值绝对值相等时，则比较 A、B 省市的地均建设用地 GDP 差值绝对值的大小。若 A＞B，则重要性$_A$＝3，重要性$_B$＝2；反之，则重要性$_A$＝2，重要性$_B$＝3。

4. 计算各省市的权重

假设以行为基准两两进行对比，统计矩阵中各行的得分作为相应城市的权数，矩阵中所有得分为总权数，则城市 A 的权重为：$权重_A = \dfrac{A的权数}{总权数} \times 100\%$。

二、指标控制值的初步计算

指标控制值的计算主要采用标准对比分析法，以工业项目用地标准一体化数据库为基础，通过对具有代表性的参考省市的权重与其各行业四等地到十等地的标准指标值进行加权平均，分别计算得到天津市各行业四等地到十等地的指标值。

以行业 A、指标 B，天津市四等地为例，指标控制值计算过程如下：

1. 指标初始值计算

计算公式为：$B_{初始值4} = \sum_{i=1}^{n} \alpha_{4i}\lambda_{4i}, i = 1, 2, \cdots, n$

式中，α_{41}，α_{42}，…，α_{4n} 表示 n 个省市四等地指标 B 的标准指标值；λ_{41}，λ_{42}，…，λ_{4n} 表示 n 个省市相应的权重。

依此类推，分别计算得到天津市 A 行业、B 指标五等地到十等地的指标初始值。

按照上述公式，可分别计算得到其他行业、指标的指标初始值。

2. 与国家标准的比较修正

将计算得到的指标初始值与国家标准进行对比，若指标初始值大于国家标准，则不变；若指标初始值小于国家标准，则指标初始值等于国家标准。

三、指标推荐值的初步计算

工业项目用地标准指标推荐值的计算主要考虑国家标准的控制性和时间趋势修正两方面的因素。先行按照国家标准的控制性和时间趋势性修正工业项目用地标准一体化数据库，在新修正后的一体化数据库基础上计算指标推荐值的初始值。

1. 国家标准控制性修正

将同一土地等别的各省市标准分别与国家标准对比，若地方标准大于国家标准，则保留地方标准的值；若地方标准小于国家标准，则地方标准替换为国家标准。

2. 时间趋势修正

七个工业行业用地指标中，考虑到投资强度和预期土地产出强度受经济社会发展趋势的影响较大，所以时间趋势修正只针对这两个指标进行。考虑到各地方标准制作年限不同，因此将各地标准均修正到 2012 年。

（1）投资强度时间修正

根据现有研究成果，投资强度与居民消费价格指数（CPI）有格兰杰因果关系，因此，选用 CPI 作为投资强度的调整因素，某城市的投资强度修正结果等于标准值与标准制定下一年到 2012 年间的历年 CPI 变化率的乘积。

（2）预期土地产出强度修正

经研究，产出强度与单位 GDP 建设用地下降率有显著因果关系。因此，选用单位 GDP 建设用地下降率作为预期土地产出强度的调整因素。各省市预期土地产出强度调整系数等于各城市标准制定年份下一年到 2012 年间历年单位 GDP 建设用地下降率的乘积。预期投资强度修正值等于预期投资强度与投资强度调整系数的乘积。

3. 指标推荐值计算

按照上述国家标准控制性修正和时间趋势修正的方法，将工业项目用地标准一体化数据库先后进行国家标准控制性修正和时间趋势修正。

然后以修正后的工业用地标准一体化数据库为基础，按照控制性指标初始值的计算步骤，依次计算得出天津市工业行业各指标四等地到十等地的指标推荐值初始值。

第五节　区域土地等级划分与验证

一、基本思路

以国家工业项目用地标准区域土地等级划分结果为基础，以国内省市区域土地等级划分情况为参考，结合天津市实际，充分借鉴转化天津市现有土地管理工作中的区域土地等级划分成果。收集天津市国家级省级开发区和 31 个区县示范园区、天津市 2007 年征地区片综合地价成果、天津市现行基准地价成果、天津市各区县投入产出数据、天津市各区县土地出让地价成果等资料，以产能指标为基础，进行计算和聚类分析，最后运用四象限分析法综合考虑各项因素划定天津市工业项目的区域土地等级。

二、划分过程

1. 基础数据收集及处理

为体现土地管理工作的衔接性，区域土地等级划分基础数据采用国家级省级开发区和 31 个区县示范园区审批范围数据、2007 年天津市征地区片成果、天津市现行各区县基准地价成果、开发区清理成果以及各区县投入产出数据、2012 年各区县工业用地土地出让地价、2012 年各区县模范县核心指标得分、2012 年各区县单位 GDP 建设用地下降率等数据资料。其中，开发区与区县示范园区有重叠交叉、基准地价未实现天津市全域覆盖、现有成果与工作底图的转化处理等问题，须进行技术处理。

（1）国家级省级开发区和 31 个区县示范园区审批范围

天津市 31 个国家级省级开发区与 31 个区县示范园区的部分区域存在范围重叠或交叉。其中，八里台工业园区、茶淀工业园区、潘庄工业园区 3 个区县示范园区与开发区同名、同区位、面积扩大；宝坻节能环保工业区、宝坻低碳工业区、京滨工业园、海河工业区等区域示范园区分别与宝坻经济开发区、宝坻九园工业园区、大王古经济开发区、津南鑫达工业园等开发区不同名、同区位、面积扩大；双港工业区与津南开发区西区、蓟州区专用汽车产业园与蓟州区经济开发区区位面积有交叉。

鉴于此，作如下处理：①对于范围重叠的示范园区与开发区，名字以示范园区为准、面积以大范围为准进行合并；②对于区位面积有交叉的开发区与示范园区，交叉部分以开发区为准进行合并，其他部分保持原状。

（2）天津市各区县基准地价成果

现行天津市各区县基准地价成果仅覆盖了各区县部分中心城镇和开发区。考虑到天津市区域土地等级划分以天津市全域为工作范围，因此，为得到全市范围内的基准地价成果，作如下技术处理。

①以现行覆盖区域基准地价成果为基础，以天津市区县行政区划与经处理过的开发区—示范园区范围为工作底图，制定天津市全域覆盖的基准地价分布图。

②赋值开发区—示范园区的基准地价，将工作底图与现行基准地价成果进行空间叠

加分析，对于开发区—示范园区范围内有现行基准地价的，取各等级基准地价的加权平均值（各等级基准地价与相应级别土地面积的乘积和除以总面积）作为开发区园区的基准地价；对于没有现行基准地价的，则取 2009 年开发区园区土地出让单价的最低值作为基准地价。

③赋值各区县除开发区园区外的区域的基准地价，取各区县除开发区园区外现行基准地价各等级的加权平均值（各等级基准地价与相应级别土地面积的乘积和除以总面积）作为各区县的基准地价。

（3）2007 年天津市征地区片综合地价成果

将 2007 年天津市征地区片价与工作底图作空间叠加分析，将现行征地区片价转化到工作底图上。

①给开发区园区赋值。取某一开发区园区内各级征地区片价的加权平均值（各级征地片价与相应级别土地面积的乘积和除以总面积）作为该开发区园区的征地区片价。

②给各区县除开发区园区外的区域赋值。取某一区县内除开发区园区外的各级征地区片价的加权平均值（各级征地片价与相应级别土地面积的乘积和除以总面积）作为该区域的征地区片价。

2. 自然聚类分析

采用自然聚类法，分别以基准地价、征地区片价、投资强度、产出强度、土地出让地价为基础数据，运用 ArcGIS 软件中自然聚类分析工具，将天津市全域划分为四级，划分结果如图 6-2 至图 6-7 所示。

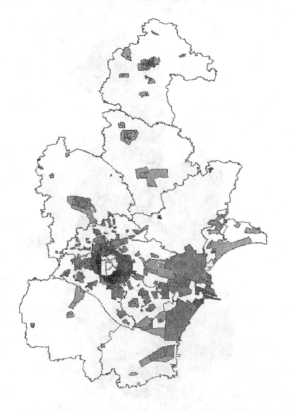 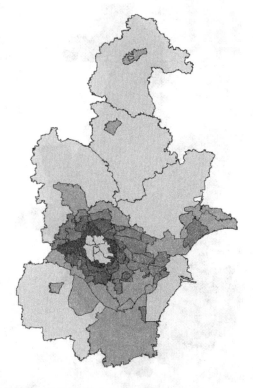

图 6-2 基准地价自然聚类分级结果图　　图 6-3 征地区片价自然聚类分级结果图

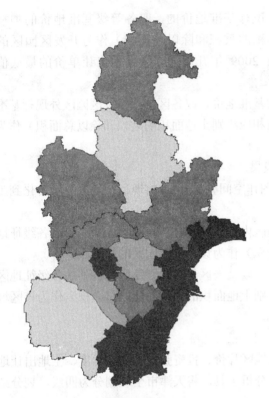

图 6-4　投资强度自然聚类分级结果图

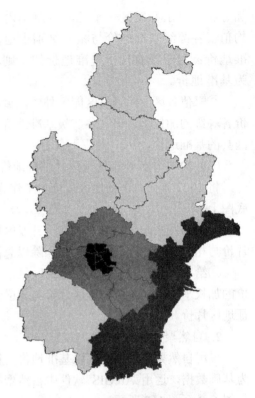

图 6-5　产出强度自然聚类分级结果图

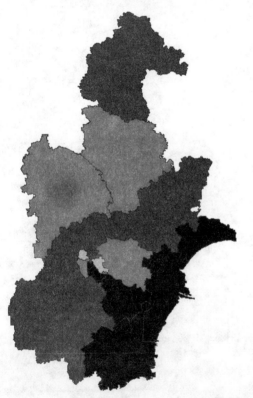

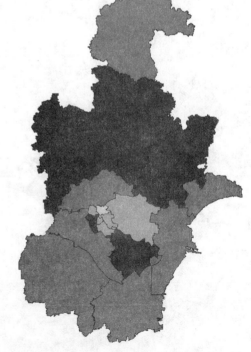

图 6-6　各区县模范县核心得分自然聚类分级结果图　图 6-7　各区县单位 GDP 下降率自然聚类分级结果图

3. 四象限分析法

（1）四象限分析法

四象限分析法又称波士顿矩阵、市场增长率—相对市场份额矩阵、波士顿咨询集团法、产品系列结构管理法等，是美国著名的管学家、波士顿咨询公司创始人布鲁斯·亨德森于1970年首创的一种用来分析和规划企业产品组合的方法。

（2）基本原理

四象限分析法应用最广的是把对象按照事物的两个最重要的关键属性分为四类，然后再根据不同类型的事物，以不同方法采取不同策略处理。

这里将之推广，将所有影响事情的因素分为重要和不重要两类，根据事情影响因素 n 的多少，将这些影响因素分为 2^n 组，最终根据各排列组合的重要程度，将之划分为四个象限，即四个级别（参见图6-8）。

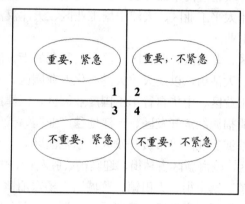

图6-8　四象限分析图

（3）区县土地等级划分

①对于事情"天津市区域土地等级划分"，可先将各影响因素用字母表示。设 A 表示基准地价，B 表示征地区片价，C 表示投资强度，D 表示产出强度，E 表示模范县核心指标得分，F 表示单位 GDP 建设用地下降率，每种影响因素考虑重要和不重要两种关键属性。

②根据各因素的自然聚类法分级结果，对于本事情来说，可将1级、2级赋予重要属性，3级、4级赋予不重要属性，则按照各因素对事情的影响可分为64种排列组合。

③按照各因素对事情的影响程度，将全部64种排列组合分成四类：当6种因素有5种及以上均为重要时，划分为一类区域；当6种因素有4种或3种为重要时，划分为二类区域；当6种因素有5种及以上均为不重要时，划分为四类区域；其余为三类区域。

（4）开发区园区土地等级划分

以基准地价、征地区片价、土地投入产出、土地出让地价、工业用地率和建成率为基础数据，对全市开发区、区县示范园区进行聚类分析。本着促进节约集约的原则，以聚类分析结果为基础，将开发区、区县示范园区划分为：

①国家级开发区划入全市一类区域；

②分布在区县二类区域、三类区域中的市级开发区、示范园区划入全市二类区域；

③分布在区县四类区域中的市级开发区、示范园区划入全市三类区域。

三、划分结果

1. 区域土地等级的划分结果

按照上述方法，天津市区域土地等级划分结果为：

一类区域：包括市内六区和国家级开发区。

具体为和平区、河西区、河东区、南开区、河北区、红桥区，以及天津经济技术开发区、天津港保税区、天津保税物流园区、天津滨海高新技术产业园区（华苑产业区、北辰科技园、塘沽海洋产业园、武清科技园）、天津出口加工区、天津塘沽海洋石化产业园区、天津空港综合保税区、天津武清经济开发区、天津西青经济开发区。

二类区域：包括环城四区，滨海新区北塘街、渤海石油街、新河街、新港街、胡家园街、新城镇、大沽街，武清区行政辖区内市级开发区、示范园区，以及天津大港石化产业园区、天津大港经济开发区、天津太平工业区、天津中塘工业区、天津汉沽化工产业园区、天津滨海物流加工区、天津茶淀工业区。

具体为东丽区、津南区、北辰区、西青区，滨海新区北塘街、渤海石油街、新河街、新港街、胡家园街、新城镇、大沽街，以及天津大港石化产业园区、天津大港经济开发区、天津太平工业区、天津中塘工业区、中华自行车王国产业园区、天津武清汽车零部件产业园、天津京滨工业园、天津武清福源经济开发区、天津地毯产业园、天津汉沽化工产业园区、天津滨海物流加工区、天津茶淀工业区等市级开发区、示范园区。

三类区域：包括武清区，滨海新区古林街、迎宾街、胜利街、中塘镇、海滨街、港西街、太平镇、小王庄镇、茶淀镇、寨上街、大田镇、营城镇、杨家泊镇，汉沽城区行政管辖范围内除一、二类区域外的其他地区，宝坻区、静海区、宁河区、蓟州区行政辖区范围内的市级开发区和示范园区。

具体为滨海新区古林街、迎宾街、胜利街、中塘镇、海滨街、港西街、太平镇、小王庄镇、茶淀镇、寨上街、大田镇、营城镇、杨家泊镇、汉沽城区（除开发区和区县示范园区），武清区（除开发区、区县示范园区），以及天津宁河经济开发区、天津潘庄工业区、天津现代宁河产业区、天津宝坻塑料制品工业区、天津马家店工业区、天津宝坻九园工业区、天津宝坻经济开发区、天津蓟州区经济开发区、天津专用汽车产业园区、上仓酒业工业区、天津子牙工业园区、天津大邱庄工业区、静海经济开发区、天津静海北环工业区、天津唐官屯加工物流区等开发区、示范园区。

四类区域：包括天津市行政辖区范围内的其他地区。

2. 工业用地标准的最终结果

（1）指标控制值

按照天津市区域土地等级划分结果，以天津市各行业四等地到十等地的指标控制值为基础，运用面积加权平均法得到天津市各行业各指标一类区域到四类区域的指标控制值。

同时，将各指标控制值进行取整处理，末位数均保留0或者5。

根据计算结果和取整处理后发现，容积率、绿地率、行政办公及生活服务设施用地所占比重三类指标各区域指标差别不大，不进行区域差别化控制。其中：

①各工业项目用地绿地率不得大于20%；

②行政办公及生活服务设施用地所占比重不得超过7%。

其他指标控制值如表 6-1 所示。

表 6-1　天津市工业项目建设用地指标控制值表

单位：万元/公顷、%

行业分类		容积率	投资强度				建筑系数	预期产出强度				预期土地税收产出强度			
代码	名称	——	一类	二类	三类	四类	——	一类	二类	三类	四类	一类	二类	三类	四类
13	农副食品加工业	≥1.0	≥2250	≥1755	≥1530	≥1125	≥34%	≥2685	≥2590			≥245	≥215		
14	食品制造业	≥1.0	≥2265	≥1755	≥1530	≥1125	≥34%	≥3395	≥3165			≥245	≥215		
15	酒、饮料和精制茶制造业	≥1.0	≥2250	≥1755	≥1530	≥1125	≥34%	≥3040	≥2840			≥350	≥320		
16	烟草制品业	≥1.0	≥2250	≥1755	≥1530	≥1125	≥33%	≥5680	≥5210			≥2920	≥2440		
17	纺织业	≥0.8	≥2295	≥1755	≥1530	≥1125	≥35%	≥3030	≥2865			≥245	≥215		
18	纺织服装、服饰业	≥1.0	≥2295	≥1755	≥1530	≥1125	≥35%	≥3185	≥2990			≥245	≥215		
19	皮革、毛皮、羽毛及其制品和制鞋业	≥1.0	≥2295	≥1755	≥1530	≥1125	≥34%	≥3380	≥3150			≥390	≥330		
20	木材加工和木、竹、藤、棕、草制品业	≥0.8	≥1985	≥1525	≥1335	≥1050	≥34%	≥2525	≥2390			≥245	≥215		
21	家具制造业	≥0.8	≥2195	≥1675	≥1460	≥1050	≥34%	≥2490	≥2365			≥245	≥215		
22	造纸和纸制品业	≥0.8	≥2450	≥1895	≥1670	≥1125	≥34%	≥3415	≥3220			≥680	≥565		
23	印刷和记录媒介复制业	≥0.8	≥2905	≥2270	≥1990	≥1440	≥36%	≥4070	≥3815			≥690	≥605		
24	文教、工美、体育和娱乐用品制造业	≥1.0	≥2085	≥1680	≥1490	≥1125	≥33%	≥2275	≥2190			≥390	≥330		
25	石油加工、炼焦和核燃料加工业	≥0.5	≥2900	≥2330	≥2035	≥1550	≥34%	≥4850	≥4425			≥680	≥565		
26	化学原料和化学制品制造业	≥0.6	≥2740	≥2225	≥1970	≥1550	≥33%	≥2790	≥2705			≥680	≥565		
27	医药制造业	≥0.7	≥4105	≥3295	≥2900	≥2300	≥34%	≥2270	≥2190			≥535	≥450		
28	化学纤维制造业	≥0.8	≥3930	≥3210	≥2820	≥2250	≥35%	≥2490	≥2365			≥535	≥450		
29	橡胶和塑料制品业	≥0.8	≥2590	≥2070	≥1780	≥1440	≥34%	≥2235	≥2185			≥390	≥330		
30	非金属矿物制品业	≥0.75	≥2245	≥1735	≥1505	≥1050	≥35%	≥3250	≥3070			≥650	≥535		
31	黑色金属冶炼和压延加工业	≥0.6	≥3300	≥2485	≥2150	≥1870	≥34%	≥4155	≥3820			≥650	≥535		
32	有色金属冶炼和压延加工业	≥0.6	≥3330	≥2720	≥2405	≥1870	≥35%	≥4225	≥3975			≥2025	≥1640		
33	金属制品业	≥0.7	≥2975	≥2325	≥2025	≥1440	≥35%	≥2980	≥2790			≥1065	≥870		
34	通用设备制造业	≥0.7	≥3105	≥2545	≥2290	≥1870	≥35%	≥3015	≥2895			≥390	≥390		
35	专用设备制造业	≥0.7	≥3290	≥2680	≥2385	≥1870	≥34%	≥2990	≥2800			≥390	≥330		
36	汽车制造业	≥0.7	≥3950	≥3105	≥2775	≥2180	≥35%	≥6715	≥6190			≥680	≥565		
37	铁路、船舶、航空航天和其他运输设备制造业	≥0.7	≥3885	≥3105	≥2745	≥2180	≥35%	≥3365	≥3175			≥680	≥565		
38	电气机械和器材制造业	≥0.7	≥3265	≥2610	≥2315	≥1870	≥35%	≥4790	≥4480			≥390	≥330		
39	计算机、通信和其他电子设备制造业	≥1.0	≥4525	≥3635	≥3175	≥2665	≥34%	≥5565	≥5110			≥680	≥565		
40	仪器仪表制造业	≥1.0	≥3480	≥2765	≥2445	≥1870	≥35%	≥4150	≥3900			≥390	≥330		
41	其他制造业	≥1.0	≥2290	≥1700	≥1465	≥1050	≥35%	≥3155	≥2965			≥390	≥330		
42	废弃资源综合利用业	≥0.7	≥1985	≥1545	≥1360	≥1050	≥34%	≥2330	≥2210			≥680	≥565		
43	金属制品、机械和设备修理业	≥0.7	≥2940	≥2190	≥1950	≥1530	≥36%	≥5335	≥5045			≥545	≥490		

（2）指标推荐值

同理，得到天津市一类区域到四类区域的各行业各指标的推荐值标准。其中：

①各工业项目用地绿地率的推荐值不得大于 18%；

②行政办公及生活服务设施用地所占比重推荐值不得超过 7%。

其他指标推荐值如表 6-2 所示。

表 6-2　天津市工业项目建设用地指标推荐值表

单位：万元/公顷、%

行业分类		容积率	投资强度				建筑系数	预期产出强度				预期土地税收产出强度			
代码	名称	——	一类	二类	三类	四类	——	一类	二类	三类	四类	一类	二类	三类	四类
13	农副食品加工业	≥1.0	≥2665	≥2125	≥1865	≥1630	≥35%	≥2865	≥2770			≥245	≥215		
14	食品制造业	≥1.0	≥2680	≥2145	≥1895	≥1675	≥35%	≥3485	≥3250			≥245	≥215		
15	酒、饮料和精制茶制造业	≥1.0	≥2665	≥2125	≥1865	≥1630	≥35%	≥3175	≥2975			≥350	≥320		
16	烟草制品业	≥1.05	≥3340	≥2780	≥2475	≥2175	≥34%	≥5855	≥5390			≥2920	≥2440		
17	纺织业	≥0.9	≥2710	≥2170	≥1905	≥1670	≥36%	≥3210	≥3045			≥245	≥215		
18	纺织服装、服饰业	≥1.05	≥2710	≥2170	≥1905	≥1670	≥35%	≥3365	≥3170			≥245	≥215		
19	皮革、毛皮、羽毛及其制品和制鞋业	≥1.0	≥2710	≥2170	≥1905	≥1670	≥35%	≥3560	≥3330			≥390	≥330		
20	木材加工和木、竹、藤、棕、草制品业	≥0.8	≥2345	≥1860	≥1630	≥1450	≥35%	≥2610	≥2480			≥245	≥215		
21	家具制造业	≥0.85	≥2590	≥2070	≥1810	≥1595	≥35%	≥2580	≥2455			≥245	≥215		
22	造纸和纸制品业	≥0.9	≥2820	≥2270	≥2005	≥1795	≥34%	≥3515	≥3325			≥680	≥565		
23	印刷和记录媒介复制业	≥0.9	≥3425	≥2840	≥2505	≥2175	≥36%	≥4250	≥3995			≥690	≥605		
24	文教、工美、体育和娱乐用品制造业	≥1.05	≥2435	≥2100	≥1875	≥1600	≥34%	≥2360	≥2280			≥390	≥330		
25	石油加工、炼焦和核燃料加工业	≥0.55	≥3425	≥2815	≥2475	≥2150	≥35%	≥5025	≥4600			≥680	≥565		
26	化学原料和化学制品制造业	≥0.7	≥3220	≥2660	≥2365	≥2095	≥34%	≥2890	≥2805			≥680	≥565		
27	医药制造业	≥0.8	≥4875	≥4020	≥3555	≥3100	≥34%	≥2360	≥2280			≥535	≥450		
28	化学纤维制造业	≥0.85	≥4700	≥3930	≥3475	≥3030	≥35%	≥2580	≥2455			≥535	≥450		
29	橡胶和塑料制品业	≥0.85	≥4380	≥3135	≥2580	≥2110	≥35%	≥2300	≥2255			≥390	≥330		
30	非金属矿物制品业	≥0.85	≥4375	≥3155	≥2570	≥1955	≥35%	≥3555	≥3170			≥650	≥535		
31	黑色金属冶炼和压延加工业	≥0.7	≥4810	≥3755	≥3255	≥2775	≥35%	≥4710	≥4020			≥650	≥535		
32	有色金属冶炼和压延加工业	≥0.65	≥3895	≥3245	≥2880	≥2540	≥35%	≥4325	≥4075			≥2025	≥1640		
33	金属制品业	≥0.8	≥3450	≥2805	≥2445	≥2140	≥36%	≥3115	≥2925			≥1065	≥870		
34	通用设备制造业	≥0.75	≥3725	≥3150	≥2825	≥2460	≥35%	≥3115	≥2995			≥390	≥390		
35	专用设备制造业	≥0.75	≥3830	≥3225	≥2880	≥2535	≥35%	≥3095	≥2900			≥390	≥330		
36	汽车制造业	≥0.8	≥4825	≥4110	≥3695	≥3215	≥35%	≥6850	≥6325			≥680	≥565		
37	铁路、船舶、航空航天和其他运输设备制造业	≥0.75	≥4535	≥3805	≥3380	≥2925	≥35%	≥3500	≥3310			≥680	≥565		
38	电气机械和器材制造业	≥0.85	≥3860	≥3255	≥2910	≥2520	≥36%	≥4970	≥4660			≥390	≥330		
39	计算机、通信和其他电子设备制造业	≥1.05	≥5600	≥4575	≥4000	≥3390	≥35%	≥5745	≥5290			≥680	≥565		
40	仪器仪表制造业	≥1.05	≥4100	≥3425	≥3050	≥2650	≥36%	≥4370	≥4120			≥390	≥330		
41	其他制造业	≥1.05	≥2665	≥2115	≥1835	≥1620	≥35%	≥3335	≥3145			≥390	≥330		
42	废弃资源综合利用业	≥0.75	≥2300	≥1830	≥1615	≥1455	≥34%	≥2395	≥2280			≥680	≥565		

四、样本验证分析

以天津市 2006～2013 年供地数据和 2010 年、2012 年开发区评价典型企业数据为样本数据，分析《天津市工业项目建设用地控制标准》（以下简称《控制标准》）与工业项目用地实际情况的差异，并对不符合实际用地情况的行业标准进行修正，保证《控制标准》的科学合理与切实可行。

1. 分析方法

主要运用概率统计分析法来分析《控制标准》指标值的合理性。概率统计指标选取样本个数比例和样本用地面积比例两个量化指标和样本用地情况趋势分析一个定性指标。

样本个数比例指标实际值大于或等于《控制标准》的样本数量与总样本数量的比值；样本用地面积比例是指样本实际值大于或等于《控制标准》的样本用地面积之和与总样本用地面积的比值。

采用定量分析与定性分析相结合的方式，对各行业各类区域的指标标准值进行分析，以判定《控制标准》的科学合理性。

2. 容积率指标验证分析

由于全国各地大部分省市的容积率指标均沿用国家标准，因此，运用标准对比分析法取得的容积率标准值取整后，与国家标准基本一致。而天津市未出台工业项目建设用地使用标准时，严格遵照执行了国家的工业项目建设用地控制指标，因此，样本项目的容积率均分布在国家标准线的上方，《控制标准》的容积率指标通过样本验证，与实际用地情况较为相符。

3. 投资强度指标验证分析

经样本验证分析，《控制标准》中投资强度指标值基本符合实际用地情况。2010 年以来，60%的样本投资强度处于《控制标准》之上。

4. 建筑系数指标验证分析

《控制标准》中，各行业一类到四类区域的建筑系数在 33%～36%之间，从国内现行用地标准来看，标准值略高于国家标准（30%），低于北京市标准（40%～55%），略低于上海市（35%～40%）和江苏省（38%～45%）的标准。

从 2006～2013 年样本建筑系数分布情况来看，80%以上项目建筑系数在 30%～50%，在样本建筑系数分布区间范围内。因此，建筑系数指标的标准值是符合天津市实际用地情况的。

5. 绿地率指标验证分析

《控制标准》中，各行业绿地率均为不得超过 20%，与国家标准以及上海市、深圳市相同。分析国内现行用地标准可见，福建省的绿地率上限为 35%，浙江省的为 30%，北京市为15%，江苏省为 12%～15%，辽宁省为 15%。

从 2006～2013 年样本绿地率分布情况来看，绿地率绝大多数为不超过 20%，极少部分超过 20%，因此，绿地率指标的标准值是符合天津市实际情况的。

第七章 天津市教育系统项目建设用地标准的制定

第一节 天津市教育系统项目建设用地标准的制定思路

一、制定思路

《天津市教育系统项目建设用地标准》的制定，重点参照《普通高等学校规划面积指标》（建标〔1992〕245号）、《城市普通中小学校校舍建设标准》（建标〔2002〕102号）、《中等职业学校设置标准》（教职成〔2010〕12号），以及北京、江苏、河北、广州、陕西等地发布的教育项目用地标准，结合天津市实际情况，在确定天津市未来教育系统项目发展重点的基础上，确定符合天津市发展规划的教育系统项目的分类体系和指标体系，并以国家标准为底线，制定教育系统项目建设用地使用标准初始值，根据天津市实际案例用地情况对初始值进行修正后，最终制定了符合天津市发展需要的教育系统项目建设用地标准。

二、体系确定

1. 分类体系确定

在分析国家现行教育项目用地标准和各地现行教育项目用地标准的基础上，结合我市的经济发展和教育事业发展状况，确定天津市教育项目分类体系。分类体系主要参考《划拨用地目录》《城市用地分类与规划建设用地标准》（GB50137-2011）等国家标准对教育项目的分类方式，涵盖学前教育、城市普通中小学、中等职业教育、高等教育、特殊教育等类别，能够与国家标准和其他地方标准衔接一致。

对于教育项目，《划拨用地目录》（中华人民共和国国土资源部令第9号）分为以下四类：

（1）学校教学、办公、实验、科研及校内文化体育设施；

（2）高等、中等、职业学校的学生宿舍、食堂、教学实习及训练基地；

（3）托儿所、幼儿园的教学、办公、园内活动场地；

（4）特殊教育学校（盲校、聋哑学校、弱智学校）康复、技能训练设施。

《城市用地分类与规划建设用地标准》（GB50137-2011）中把教育用地分为四类：

（1）高等院校用地；

（2）中等专业学校用地；

（3）中小学用地；

（4）特殊教育用地。

针对教育项目，国家先后出台了《高校 92 标准》《城市普通中小学校校舍建设标准》（建标〔2002〕102 号）、《中等职业学校设置标准》（教职成〔2010〕12 号）、《特殊教育学校建设标准》（建标 156-2011）等标准，基本建立了涵盖全部教育项目类别的用地标准体系。

北京市将教育项目分为基础教育（包括托幼、小学、初中、高中、九年一贯制学校）、高等教育（普通高等学校）两大类；江苏省将教育项目分为学前教育、初等教育、中等教育、高等教育、特殊教育五类；河北省将教育项目分为普通中小学、高等院校两部分。

综合分析国家以及各地教育项目分类可知，将教育项目分为学前教育、中小学教育、高等教育、中职、特殊教育等五类，可覆盖教育项目的所有类别。目前，我国在全国范围内均采用了这种分类方式，实际应用过程中，各地区往往根据自身实际需要，仅选取部分类别并制定相应的用地标准。因此，编者制定天津市教育项目用地标准时，针对天津市教育事业现状和发展规划，将教育项目分为以下五类：

（1）学前教育：幼儿园、学前班；

（2）城市普通中小学：完全小学、初级中学、完全中学、高级中学；

（3）中等职业教育；

（4）高等教育：综合大学、师范院校，政法、财经、外语院校，工业、农业、林业、医学类院校，体育/艺术类院校；

（5）特殊教育：盲校、聋校、培智学校。

确定上述建设项目分类体系后，参考国家标准和各地方标准，结合天津市现有或规划建设的教育项目建设规模，对教育项目的分类进行进一步的细分，如表 7-1 所示。

表 7-1　教育项目建设用地使用标准分类

项目名称	项目类别	建设规模
学前教育	幼儿园、学前班	—
城市普通中小学	完全小学	12 班
		18 班
		24 班
		30 班
	初级中学	12 班
		18 班
		24 班
		30 班
	完全中学	18 班
		24 班
		30 班
		36 班
	高级中学	18 班
		24 班
		30 班
		36 班

续表

项目名称	项目类别	建设规模
中等职业教育	小型	1000 生
	中型	3000 生
	大型	5000 生
高等教育	综合大学、师范院校	<5000 生
		5000～10000 生
		10000～20000 生
		>20000 生
	政法、财经、外语院校	<5000 生
		5000～10000 生
		10000～20000 生
		>20000 生
	工业、农业、林业、医学类院校	<5000 生
		5000～10000 生
		10000～20000 生
		>20000 生
	体育/艺术类院校	<5000 生
		5000～10000 生
		10000～20000 生
		>20000 生
特殊教育	盲校	9 班
		18 班
	聋校	9 班
		18 班
	培智学校	9 班
		18 班

2. 指标体系确定

本着简便易用的原则，天津市教育系统项目中采用生均用地面积进行用地控制。控制指标简单明了，易于政府部门和用地单位使用。

第二节　天津市教育系统项目建设用地标准的制定

一、用地标准初始值的制定

天津市教育系统项目用地标准初始值的确定，主要分为两种情形：对于有国家建设标准的项目，以国家建设标准为底线，若天津市有建设标准且较国家标准更为严格，则将天津市建设标准换算成用地标准，作为该项目用地标准的初始值；否则，以国家建设标准换算成的用地标准作为该项目用地标准的初始值。

对于没有国家建设标准的项目，天津市有建设用地标准的，将天津市建设标准换算成用地标准作为该项目用地标准的初始值；天津市没有相关建设标准的，取各地地方标准均值作为该项目用地标准的初始值。

1. 学前教育

国家尚未出台学前教育的用地标准，《天津市居住区公共服务设施配置标准》（DB29-7-2008）中有对幼儿园建设面积的控制标准，北京、广州、江苏也都出台了学前教育项目的建设用地标准。天津市教育项目目前的用地标准比北京和广州低，与江苏省用地标准持平。总体来看，天津市现有的用地标准与天津市在全国的发展定位相符。因此本标准将天津市现有标准作为初始值。具体情况如表7-2所示。

表7-2　学前教育建设用地使用标准初始值

项目名称	项目类别	生均用地标准（平方米/生）
学前教育	幼儿园、学前班	13～15

2. 普通中小学

针对普通中小学，国家出台有《城市普通中小学校校舍建设标准》（建标〔2002〕102号），《天津市居住区公共服务设施配置标准》中也制定了小学、初中、高中的用地面积指标。此外，广州、江苏、福建等地也都制定了普通中小学建设用地标准。除了广州都会区的初级中学以及建设规模为12班的完全小学的用地标准符合国家标准外，其余的标准都高于国家标准。本着以国家标准为底线的原则，取国家标准作为普通中小学建设用地使用标准的初始值。具体情况如表7-3所示。

表7-3　天津市普通中小学建设用地标准初始值

项目名称	项目类别	建设规模	生均用地标准（平方米/生）
城市普通中小学	完全小学	12班	15
		18班	14
		24班	13.5
		30班	13
	初级中学	12班	20
		18班	19.5
		24班	19
		30班	18
	完全中学	18班	19.7
		24班	19
		30班	18.2
		36班	18
	高级中学	18班	20
		24班	19
		30班	18.5
		36班	18

3. 中等职业教育

2010 年，国家出台了《中等职业学校设置标准》（教职成〔2010〕12 号），广州、江苏、福建等地也对中等职业教育制定了控制标准。广州、江苏、福建的用地标准都符合《中等职业学校设置标准》的规定，并且广州标准最高，其次是江苏，福建最低；广州和江苏的用地标准差别不大，福建的标准与广州和江苏相差较大。鉴于福建省的标准与江苏、广州标准偏离较大，故以广州和江苏的用地标准为参考，采取均值取整的方式，制定本标准的初始值。具体情况如表 7-4 所示。

表 7-4　中等职业教育建设用地标准初始值

项目名称	建设规模（生）	生均用地面积（平方米/生）
中等职业教育	>1200	35～39

4. 高等教育

国家于 1992 年 5 月 3 日正式出台《高校 92 标准》，由于时间久远，目前对其的修订工作正在进行，《普通高等学校建筑面积指标（2008 标准）》（报批稿）已经形成，但尚未正式出台。北京、广州、江苏、福建、河北等地都制定了符合各自地方特色的高等教育项目建设用地使用标准。各地方标准都符合《高校 92 标准》的规定。北京、广州、江苏、福建四地的用地标准各有不同，北京最为严格，其次是广州、福建，最后是江苏。因为《高校 92 标准》出台时间久远，且仅制定了规模小于 5000 学生的院校用地标准，所以不予参考。本标准初始值采用取均值的方式计算求得，取北京、广州、江苏、福建四地用地标准的均值作为天津市高等教育项目建设用地使用标准的初始值。具体情况如表 7-5 所示。

表 7-5　高等教育建设用地标准初始值

项目名称	项目类别	建设规模	生均用地标准（平方米/生）
高等教育	综合大学、师范院校	<5000 生	59
		5000～10000 生	56
		10000～20000 生	51
		>20000 生	50
	政法、财经、外语院校	<5000 生	58
		5000～10000 生	55
		10000～20000 生	50
		>20000 生	48
	工业、农业、林业、医学类院校	<5000 生	61
		5000～10000 生	58
		10000～20000 生	54
		>20000 生	52
	体育/艺术类院校	<5000 生	85
		5000～10000 生	83
		10000～20000 生	74
		>20000 生	73

5. 特殊教育

针对特殊教育项目，国家出台了《特殊教育学校建设标准》（建标 156-2011），福建、江苏等也出台了特殊教育项目的地方性标准。福建和江苏两地的用地标准是一致的，而且比国家标准要严格。基于天津市在全国的实际位置，理论上天津市的用地标准要比江苏和福建严格或持平。因此，本标准借鉴江苏的用地标准作为本标准的初始值，是符合天津市教育用地发展水平的。具体情况如表 7-6 所示。

表 7-6　特殊教育建设用地标准初始值

项目名称	项目类别	建设规模	生均用地标准（平方米/生）
特殊教育	盲校	9 班	141
		18 班	104
	聋校	9 班	144
		18 班	104
	培智学校	9 班	191
		18 班	139

二、案例分析与修正

各教育系统项目建设用地标准初始值确定后，在天津市各区县选取学前教育、普通中小学、中等职业教育、高等教育、特殊教育学校的实际案例，并将各分析案例的实际用地情况和用地标准初始值进行对比。在大量实际案例对比和典型案例分析的基础上，综合考虑天津市教育系统项目实际用地需求和规划发展重点方向，教育系统项目建设用地标准的初始值符合实际，满足规范天津市教育系统项目建设，促进土地节约集约利用水平提升的现实需求。鉴于以上，对天津市教育系统项目用地标准初始值不再进行修正，标准初始值即为天津市教育系统项目建设用地标准最终值。

第八章 天津市卫生系统项目建设用地标准的制定

第一节 天津市卫生系统项目建设用地标准的制定思路

一、制定思路

天津市卫生系统项目建设用地标准的制定思路为：参照国家标准、各地方标准以及天津市现有相关标准、天津市卫生系统项目现状和发展规划，首先，制定符合天津市发展需要的卫生系统项目的分类体系；其次，本着简便易用的原则，选取用地控制指标，确定用地标准指标体系；再次，以国家现行标准为底线，以各地方标准为参考，结合天津市标准，通过取最值、中位数、众数或平均值等方法确定初始值；最后，选取天津市域范围内的卫生系统项目作为实际案例进行分析，对初始值进行修正，并得到最终的天津市卫生系统项目建设用地使用标准。

二、体系确定

1. 分类体系确定

以《划拨用地目录》（国土资源部令第 9 号）、《综合医院建设标准》（建标〔2008〕164号）、《中医医院建设标准》（建标〔2008〕97 号）、《乡镇卫生院建设标准》（建标〔2008〕142号）等国家标准为参照，参考北京、江苏、广州等地建设用地标准中有关卫生系统项目的分类方式，结合天津市及下辖各区县"十二五"规划、卫生系统项目相关规划、计划资料，确定天津市未来几年卫生系统项目发展重点，制定符合天津市发展需要的卫生系统项目分类体系。

对比分析《广州市产业用地指南（2011 年版）》《江苏省卫生系统建设用地指标》等地方标准可知，各地方标准对卫生系统项目的分类差别不大，基本参考的是《国民经济行业分类》中有关卫生系统的分类方式。《天津市城市规划管理技术规定》仅对综合医院、疗养院的建设标准，以及医疗卫生设施整体用地指标进行了相应规定。《天津市居住区公共服务设施配置标准》则仅对社区卫生服务中心和社区卫生服务站以社区配套设施用地的形式进行了规定。

为保证与国家建设标准及各地现行标准具有同构性和可比性，便于不同管理部门的工作衔接，参照《国民经济行业分类》（GB-T4754-2011）、《划拨用地目录》的分类方式，天津市卫生系统项目建设用地标准将卫生系统分为医院、社区医疗与卫生院、妇幼保健院、疾病预防控制中心、其他卫生项目等五大类。

2. 指标体系确定

以国家出台的《综合医院建设标准》（建标〔2008〕164 号）、《中医医院建设标准》（建标〔2008〕97 号）、《乡镇卫生院建设标准》（建标〔2008〕142 号）和各地方出台的卫生系统项目建设用地控制标准中所采用的控制指标为参考，结合《天津市城市规划管理技术规定》《天津市居住区公共服务设施配置标准》等天津市现有的相关卫生系统项目的建设用地使用标准，本着简便易用的原则，天津市医院、妇幼保健院、疾病预防控制中心、其他卫生项目建设用地采用单位用地面积进行控制，社区医疗与卫生院建设用地面积采用用地规模进行控制。

第二节　天津市卫生系统项目建设用地标准的制定

一、用地标准初始值的制定

以国家出台的现行标准为底线，以各地方出台的工程项目建设用地标准为参考，结合《天津市城市规划管理技术规定》（天津市人民政府令第 16 号）以及相关部门出台的有关文件，根据天津市实际情况取国家标准、天津市标准或各地方标准的均值作为天津市卫生项目建设用地使用标准的初始值。

广州市和江苏省都已经形成了比较完善的卫生系统建设用地使用标准，国家也制定了综合医院、中医医院和乡镇卫生院的用地标准。有关综合医院、中医医院和社区医疗与卫生院，广州和江苏的用地标准均较国家标准偏低。本着以国家标准为底线的原则，综合医院、中医医院、社区医疗与卫生院的用地标准，本标准采用国家标准作为初始值；其他项目则以江苏和广州（外围区域）的均值作为本标准的初始值。

二、案例分析与修正

初始值的修正重点参考国家建设标准以及广州、江苏、辽宁、江西等省市的地方标准，同时选取天津市卫生系统项目建设案例，进行数据统计分析，最终得到既符合天津市实际情况和发展需要，又能体现节约集约用地理念的卫生系统项目建设用地使用标准值。

案例分布于市内六区、环城四区、滨海新区、静海区、宁河区、蓟州区等，覆盖了整个天津市，具有较强的代表性。经对比分析可知，仅少量实际案例的用地面积超出了用地标准初始值。本标准初始值与天津市实际案例用地情况的相符率为 92.1%，与天津市实际用地情况基本相符；与国家建设标准相比，标准中的综合医院、中医医院、社区医疗与卫生院（单独供地）均与国家标准持平；与其他城市标准的差异性亦在合理范围内；与天津市现有建设标准相比，本标准中医疗卫生设施用地（80～135 平方米/床）整体比《技术规定》（140～160 平方米/床）高。鉴于以上，不再对天津市卫生系统项目的建设用地指标初始值进行修正，初始值即为用地标准最终值。

第九章　天津市仓储项目建设用地标准的制定

第一节　天津市仓储项目建设用地标准的制定思路

一、制定思路

天津市仓储项目建设用地标准的制定思路为：以国家出台的相关标准、专项标准，以及各地方标准中有关仓储项目用地的相关规定为基础，结合天津市及下辖区县的"十二五"规划、仓储项目相关规划、计划资料等，在深入研读、分析、比较的基础上，制定符合天津市仓储项目的用地标准。具体而言，一是以现行标准为参考，制定符合天津市发展规划的仓储项目的分类体系；二是以简单易用为原则，确定用地标准控制指标体系；三是以国家标准为底线，制定仓储项目建设用地使用标准初始值；四是根据天津市实际案例用地情况对初始值进行修正。

二、体系确定

1. 分类体系确定

以国家出台的《城市用地分类与规划建设用地标准》（GB50137-2011）、《粮食仓库建设标准》（建标〔2001〕58 号）和广州、江苏、河北、江西等地出台的相关标准中所列的仓储项目为参考，结合天津市及各区县"十二五"规划、仓储项目相关规划、计划资料，确定天津市未来几年仓储项目的发展重点，从而制定符合天津市发展需要的仓储项目分类体系。

国家出台的《城市用地分类与规划建设用地标准》（GB50137-2011）将物流仓储用地分为三类：一类物流仓储用地；二类物流仓储用地；三类物流仓储用地。国家出台的《石油储备库工程项目建设标准》（建标〔2009〕78 号）、《粮食仓库建设标准》（建标〔2001〕58 号），分别属于三类和二类仓储用地。

广州市将仓储项目分为专业型（低温类、散装类、其他类）、通用型（仓储类、集散类、其他类）；江西省针对粮库用地、棉麻仓库用地和其他仓储、配送业用地分别制定了用地标准；河北省对通用型仓储用地、保温冷冻型仓储用地、堆场用地制定了用地标准；天津市已经出台的《天津市城市规划管理技术规定》将仓储分为普通仓库用地、危险品仓库用地、堆场用地。

天津市仓储项目建设用地指标制定时，以《城市用地分类与规划建设用地标准》（GB50137-2011）中的分类方式为基础，参考各地分类方式，结合天津市已有标准和规定对仓储项目的分类，将仓储项目分为三部分：

（1）普通仓储：单层仓库（一类物流仓储）、多层仓库（一类物流仓储）；

（2）特种仓储：危险品仓库（三类物流仓储）、特殊品仓库（二类物流仓储）；

（3）堆场用地。

2. 指标体系确定

以简单易用为原则，确定用地标准控制指标体系。以国家出台的《粮食仓库建设标准》（建标〔2001〕58 号）和各地方出台的仓储项目建设用地控制标准中所采用的控制指标为参考，结合天津市现有的相关仓储项目的建设用地使用标准确定控制指标。最终控制指标采用单位用地面积指标，能够与国家标准及其他地方标准衔接一致。

第二节　天津市仓储项目建设用地标准的制定

一、用地标准初始值的制定

以国家标准为底线，制定仓储项目建设用地使用标准初始值。仓储项目建设用地使用标准的初始值以国家出台的现行标准为底线，以各地方出台的仓储项目建设用地标准为参考，结合《天津市城市规划管理技术规定》以及相关部门出台的有关文件，根据天津市实际情况制定仓储项目建设用地使用标准的初始值。

全面梳理分析国家以及广州、江西、江苏、河北等地现行的仓储项目用地标准可知：（1）江西省粮库的用地标准与国家标准一致。（2）目前，各地仓储项目建设用地标准，都未实现全面覆盖。天津市在仓储项目建设用地控制指标制定时，充分借鉴各地现有标准，以河北、江西以及国家标准为参考，采用以下方法制定本标准的初始值：

（1）普通仓库用地根据河北省的用地标准，以及《天津市城市规划管理技术规定》中有关普通仓储容积率的规定，经计算后得到本标准的初始值。

（2）危险品仓库目前各地尚未出台用地标准，本标准暂不确定其初始值，采用天津市危险品仓库的实际用地面积的均值确定危险品仓库的用地标准。

（3）粮库采用国家标准，棉库和麻库采用河北与江西用地标准的均值作为特殊品仓库用地标准的初始值。

（4）堆场用地采用河北省标准作为本标准的初始值。

天津市仓储项目建设用地使用标准初始值如表 9-1 所示。

表 9-1　仓储项目建设用地使用标准初始值

项目类型			单位用地标准（公顷/万吨）
普通仓储	单层		0.81
	多层		0.51
特种仓储	危险品仓库		—
	特殊品仓库	棉库	2.57
		麻库	2.98
		粮库	1.47
堆场用地			0.61

二、案例分析与修正

确定天津市仓储项目建设用地标准初始值后，搜集天津市已建或在建的仓储项目用地情况，根据实际案例的用地情况，对初始值进行修正。以期得到既符合天津市实际情况和发展需要，又能体现节约集约用地理念的仓储项目建设用地使用标准值。

划分分析结果表明：（1）堆场项目用地面积与用地标准初始值一致；（2）棉库项目用地面积与用地标准初始值相差不大。

棉库与堆场用地标准的初始值与天津市实际用地情况一致，不作修正。麻库初始值计算方式与棉库相同，所以也不作修正。粮库用地标准初始值采用的是国家标准，本着以国家标准为底线的原则，不作修正。危险品仓库采用天津市现有案例实际用地的均值作为危险品仓库的用地标准。最终得到天津市仓储项目建设用地使用标准，如表9-2所示。

表 9-2　仓储项目建设用地使用标准

项目类型			单位用地标准（公顷/万吨）
普通仓储	单层		0.81
	多层		0.51
特种仓储	危险品仓库		5.60
	特殊品仓库	棉库	2.57
		麻库	2.98
		粮库	1.47
	堆场用地		0.61

本标准以国家建设标准为底线；对于普通仓库项目用地标准，符合《天津市城市规划管理技术规定》的相关规定；《仓储标准》与其他省市标准的差异性控制在合理范围内。总体来看，本《仓储标准》与天津市用地实际情况较为符合，具有较强的可行性和适用性，一定程度上能够规范天津市仓储项目建设用地，促进土地节约集约利用水平的提升。

第十章 天津市市政基础设施项目
建设用地标准的制定

第一节 天津市市政基础设施项目建设用地标准的制定思路

一、制定思路

天津市市政基础设施项目建设用地标准的制定思路是以国家出台的相关标准、专项标准，以及各地方标准中有关仓储项目用地的相关规定为基础，结合天津市及下辖区县的"十二五"规划、市政基础设施项目相关规划、计划资料等，在深入研读、分析、比较的基础上，制定符合天津市市政基础设施项目的用地标准。

1. 基础设施项目体系的确定

以国家出台的《土地使用标准汇编》（上下）、《划拨用地目录》（国土资源部令第9号）、《天津市城市规划管理技术规定》和北京、上海、江苏、广州等地出台的市政基础设施项目的建设用地标准中所列的基础设施项目为参考，结合天津市及各区县"十二五"规划、基础设施项目相关规划、计划资料，确定天津市未来几年基础设施项目的发展重点，从而制定符合天津市发展需要的基础设施项目体系。

2. 确定用地标准控制指标体系

以国家出台的《土地使用标准汇编》（上下）和各地方出台的建设用地控制标准中所采用的控制指标为参考，结合天津市现有的相关工程项目的建设用地使用标准确定控制指标。

3. 制定工程项目建设用地使用标准初始值

一是对于国家出台了用地标准或建设标准，天津市也有相关控制标准的工程项目。以基础设施项目常规的分类方式为参考，充分借鉴国家标准、天津市标准以及各地方标准中对基础设施项目的分类方式，结合天津市的实际情况对项目进行分类，分类别对项目用地进行控制。基础设施项目建设用地使用标准的初始值以国家出台的现行标准为底线，以各地方出台的基础设施项目建设用地标准为参考，结合《天津市城市规划管理技术规定》（天津市人民政府令第16号）和《天津市居住区公共服务设施配置标准》（DB29-7-2008）以及相关部门出台的有关文件，根据天津市实际情况取国家标准或天津市标准亦或是各地方标准的均值作为天津市工程项目建设用地使用标准的初始值。二是对于国家出台了用地标准或建设标准，但天津市没有相关标准的工程项目。以基础设施项目常规的分类方式为参考，充分借鉴国家标准和各地方标准中对项目的分类方式，结合天津市的实际情况对项目进行分类，分类别对项目用地进行控制。基础设施项目建设用地使用标准的初始值以国家出台的现行标准为底线，以各地方出台的工程项目建设用地标准为参考，分析地方标准与国家标准的关系，取国家标准或各地方标准的均值作为天津市基础设施项目建设用地使用标准的初始值。三是对于没有国家标准，但天津市或其他地方有相关标准的工程项目。以基础设施项目常规的分类方式为参考，充分借鉴天津市或各地方标准中对项目的分类方式，结合天津市的实际情况对项目进行分类，分类别对项目用地进行控制。基础设施项目建设用地使用标准的初始值根据天津市标准或各地方标准确定。尽可能地采用天津市现有的用地标准，对于没有天津市标准的项目，取各地方标准的均值或加权平均值作为天津市基础设施项目建设用地使用标准的初始值。

4. 实际案例分析，对标准初始值进行修正

搜集天津市已建或在建的基础设施项目用地情况，根据实际案例的用地情况，对已制定的天津市基础设施项目建设用地使用标准的初始值进行修正。最终得到既符合天津市实际情况和发展需要，又能体现节约集约用地理念的基础设施项目建设用地使用标准值。

二、标准体系确定

1. 分类体系确定

对北京、上海、广州、江苏以及天津市现有标准中有关市政基础设施项目的分类进行整理分析后发现，各地市政基础设施项目总体分为六个大类，即能源设施、供（排）水设施、交通设施、邮电通信设施、环保设施、防灾设施。

鉴于天津市"十二五"期间将进一步加强基础设施规划建设，加快港口、机场、高速公路、高速铁路等综合交通体系规划建设，完善城市供水、排水、电力、供热、燃气、通信等专项规划，加强民计民生工程、公益性基础设施等城市公用设施建设，提高城市基础设施载体功能和保障能力。在充分借鉴各地现有分类方式的前提下，结合天津市实际情况，最终确定天津市市政基础设施项目的分类体系，如表10-1所示。

表 10-1　天津市市政基础设施项目分类

序号	项目名称	项目名称
1	市政基础设施项目建设用地标准	供水工程项目建设用地标准
		排水工程项目建设用地标准
		燃气供应项目建设用地标准
		供热工程项目建设用地标准
		通信工程项目建设用地标准
		公共交通项目建设用地标准
		城市生活垃圾处理工程项目建设用地标准
		市政道路项目建设用地标准
		公共绿地项目建设用地标准
		消防设施项目建设用地标准

2. 指标体系确定

参考国家标准、地方标准关于市政基础设施项目用地标准控制指标的选取情况，本着简

便易用的原则，天津市采用用地规模（总用地面积）和单位用地面积对各基础设施项目用地进行控制。

第二节　供水工程用地标准的制定

一、供水工程分类的确定

1. 功能分区的确定

北京、上海、广州、河北以及国家级用地标准均把供水工程分为水厂和给水泵站两部分。天津市充分借鉴各地经验，在保持同构性和可比性的基础上，结合天津市水厂现状，天津市供水工程建设用地使用标准从水厂和给水泵站两部分给出用地标准。

2. 项目类型的确定

北京、上海、广州、河北以及国家级用地标准将水厂按建设规模和处理深度进行分类，而《天津市城市规划管理技术规定》中水厂按建设规模和水源类型进行分类。具体情况如下：

（1）建设规模按日供水量进行分类。北京、河北和国家标准把水厂分为三类（30～50万 m^3/d、10～30万 m^3/d、5～10万 m^3/d）；上海市、广州市把水厂分为四类（50～100万 m^3/d、30～50万 m^3/d、10～30万 m^3/d、5～10万 m^3/d）。《天津市城市规划管理技术规定》中把水厂分为四类（50～100万 m^3/d、30～50万 m^3/d、10～30万 m^3/d、5～10万 m^3/d），本着切合天津市实际的原则，天津市供水工程建设用地使用标准根据日供水量把水厂分为四类（50～100万 m^3/d、30～50万 m^3/d、10～30万 m^3/d、5～10万 m^3/d）。

（2）水处理深度划分为预处理、常规处理、深度处理，而《天津市城市规划管理技术规定》根据水厂水源把水厂分为地表水水厂和地下水水厂。为了更切合天津市实际情况，本标准采用水源类型进行分类，将水厂分为地表水水厂和地下水水厂。

二、用地标准初始值的确定

全面梳理与分析国家及北京、上海、广州、河北等地的现行供水工程用地标准，以《天津市城市规划管理技术规定》中有关供水工程的相关规定，汇总如表10-2所示。

表10-2中，天津市标准为《天津市城市规划管理技术规定》中的控制标准。从表中可以看出北京、上海、广州、河北都直接采用的是国家标准。

对于地下水水厂，国家和各地方都未出台控制标准，为了与天津市现有标准和实际工作有效衔接，这里直接采用了《天津市城市管理规划技术规定》中的控制指标作为本标准中地下水水厂建设用地标准的初始值。

对于地表水水厂，天津市标准对于日供水量在30万立方米以上水厂的控制强度比国家标准要高，对于30万立方米以下的水厂则比国家标准要弱。因此，本着以国家标准为底线的原则，对于日供水量在30万立方米以上的采用天津市已有标准，对日供水量在30万立方米以下的采用国家标准作为本标准中地表水水厂建设用地标准的初始值。

对于给水泵站，天津市现有标准比国家标准要宽松很多，因此采用国家标准作为本标准中给水泵站建设用地标准的初始值。

表 10-2 供水工程现行用地标准汇总

项目类型		行政级别	单位用地指标[m²/(m³/d)]			
			建设规模（m³/d）			
			60～100 万	30～50 万	10～30 万	5～10 万
水厂	地表水水厂	国家级	—	0.29～0.36	0.36～0.45	0.45～0.54
		天津市	0.15～0.25	0.25～0.35	0.35～0.55	0.55～0.70
		北京市	—	0.29～0.36	0.36～0.45	0.45～0.54
		上海市	≤0.29	0.29～0.36	0.36～0.45	0.45～0.54
		广州市	0.25～0.29	0.29～0.36	0.36～0.45	0.45～0.54
		河北省		0.29～0.36	0.36～0.45	0.45～0.54
	地下水水厂	国家级	—	—	—	—
		天津市	0.08	0.1	0.2	0.3
		北京市				
		上海市				
		广州市				
		河北省		—	—	—
给水泵站		国家级		0.016～0.018	0.018～0.035	0.035～0.050
		天津市		0.05～0.06	0.06～0.1	0.1～0.12
		北京市		0.016～0.018	0.018～0.035	0.035～0.050
		上海市		0.016～0.018	0.018～0.035	0.035～0.050
		广州市		0.016～0.018	0.018～0.035	0.035～0.050
		河北省		—	—	—

供水工程项目建设用地使用标准初始值如表 10-3 所示。

表 10-3 供水工程建设用地使用标准初始值

项目类型		单位用地指标[m²/(m³/d)]			
		建设规模（m³/d）			
		60～100 万	30～50 万	10～30 万	5～10 万
水厂	地表水水厂	0.15～0.25	0.25～0.35	0.35～0.45	0.45～0.54
	地下水水厂	0.08	0.1	0.2	0.3
给水泵站		—	0.016～0.018	0.018～0.035	0.035～0.050

三、案例分析并修正

梳理天津市现有供水工程的实际用地情况，并与天津市以及国家级建设用地控制标准进行对比，则天津市现有水厂的实际用地规模基本切合用地标准初始值，但部分建设规模为 60～100 万 m³/d 地表水水厂的用地规模要大于指标控制值，故最终将 60～100 万 m³/d 规模的水厂用地标准初始值由 0.15～0.25 m²/（m³/d）调整到 0.20～0.25 m²/（m³/d）。

对于给水泵站，由于给水泵站的建设用地使用标注初始值采用的是国家标准，坚持以国家标准为底线的原则，不再对其进行修正，初始值即为用地标准最终值。

第三节 排水工程用地标准的制定

一、排水工程分类的确定

北京、上海、广州、河北以及国家级用地标准均把排水工程分为污水处理厂和污水泵站两部分。结合《天津市城市规划管理技术规定》同样把排水工程分为污水处理厂和排水泵站（污水泵站、雨水泵站），天津市排水工程建设用地使用标准同样把排水工程分为污水处理厂和排水泵站两部分，排水泵站又分为污水泵站和雨水泵站。

1. 污水处理厂

北京、上海、广州、河北和天津以及国家级用地标准都是将污水处理厂按建设规模和处理程度进行分类，为了保持各地方标准之间的可比性，本标准同样按建设规模和处理程度对污水处理厂进行分类。

建设规模按日处理量进行分类。北京、广州、河北和天津及国家标准把污水处理厂分为五类（50～100 万 m^3/d、30～50 万 m^3/d、10～30 万 m^3/d、5～10 万 m^3/d、<5 万 m^3/d），上海市分为六类（≥100 万 m^3/d、50～100 万 m^3/d、30～50 万 m^3/d、10～30 万 m^3/d、5～10 万 m^3/d、<5 万 m^3/d）。天津市目前已有和规划建设的污水处理厂日处理量均在 100 万 m^3/d 以下，因此天津市污水处理厂工程建设用地使用标准根据日处理量划分为五类（50～100 万 m^3/d、30～50 万 m^3/d、10～30 万 m^3/d、5～10 万 m^3/d、<5 万 m^3/d）。

污水处理厂按处理程度划分为一级污水处理厂、二级污水处理厂、深度处理厂三类。北京、河北以及国家标准对三类水厂都制定了标准，广州、上海仅对二级污水处理厂和深度处理厂进行了控制，天津市标准也是对三类分别控制，而且天津市目前也有一级污水处理厂，因此本标准按处理程度把污水处理厂划分为一级污水处理厂、二级污水处理厂、深度处理厂三类。

2. 污水泵站

北京、上海、广州以及国家标准都是根据日处理量将污水泵站划分为五类（50～100 万 m^3/d、30～50 万 m^3/d、10～30 万 m^3/d、5～10 万 m^3/d、<5 万 m^3/d），天津市是根据污水泵站的秒流量进行分类的，分为四类（<0.3m^3/s、0.3～1.0m^3/s、1.0～2.0m^3/s、>2.0m^3/s）。相比较而言，天津市更习惯用秒流量衡量污水泵站的建设规模，新闻媒体对污水泵站的报道也大多是采用秒流量描述其建设规模，因此本标准根据秒流量将污水泵站划分为四类（<0.3m^3/s、0.3～1.0m^3/s、1.0～2.0m^3/s、>2.0m^3/s）。

3. 雨水泵站

上海市按秒流量将雨水泵站划分为四类（>20m^3/s、10～20m^3/s、5～10m^3/s、1～5m^3/s），天津市也是划分为四类（>30m^3/s、20～30 m^3/s、10～20 m^3/s、<10 m^3/s），天津市目前最大的雨水泵站为天津港雨水泵站，泵站雨水设计总流量为 25.80 m^3/s，所以本标准将雨水泵

站划分为四类（＞30m³/s、20～30m³/s、10～20 m³/s、＜10 m³/s）。

二、用地标准初始值的确定

在全面分析国家及北京、上海、广州、河北等地出台的排水工程用地标准的基础上，结合《天津市城市规划管理技术规定》对排水工程的相关规定，制定天津市排水工程的用地标准初始值。

1. 污水处理厂

将国家、天津市以及各地方污水处理厂用地标准进行对比可知：（1）北京、河北与国家标准完全一致；（2）上海和广州未对一级污水处理厂制定相应的用地标准，且除了一类和五类深度处理厂的用地标准与国家标准略有差异外，其他标准均与国家标准一致；（3）天津市标准与国家标准差别不大，但相对于国家标准有高有低。

坚持以国家标准为底线，尽可能采用天津市现有标准的原则，将《天津市城市规划管理技术规定》关于污水处理厂的用地标准中高于国家标准的部分替换为国家标准作为本标准的初始值，如表10-4所示。

表 10-4　污水处理厂建设用地标准初始值

项目名称	建设规模		单位用地指标[m²/(m³/d)]		
			一级污水厂	二级污水厂	深度处理
污水处理厂	I 类	50～100 万 m³/d	—	0.40～0.50	0.50～0.65
	II 类	20～50 万 m³/d	0.30～0.50	0.50～0.60	0.65～0.80
	III 类	10～20 万 m³/d	0.20～0.60	0.60～0.70	0.80～0.95
	IV 类	5～10 万 m³/d	0.40～0.45	0.80～0.85	0.95～1.20
	V 类	1～5 万 m³/d	0.45～0.55	0.85～1.20	1.2～1.75

2. 污水泵站

北京、上海、广州的用地标准与国家标准一致，将国家标准的日处理量换算成秒流量与天津市标准作对比，坚持以国家标准为底线的原则，对天津市标准作一定调整，得到本标准中污水泵站建设用地使用标准的初始值，如表10-5所示。

表 10-5　污水泵站建设用地标准初始值

项目名称	建设规模（m³/s）	用地规模（m²）
污水泵站	I 类	＜0.3	726
	II 类	0.3～1.0	726～1362
	III 类	1.0～2.0	1362～1865
	IV 类	＞2.0	1865～3500

3. 雨水泵站

将上海市雨水泵站建设用地单位用地标准换算成用地规模与天津市标准对比可知，天津市现有标准比上海市要严格。以天津市现有标准作为本标准的初始值，如表10-6所示。

表 10-6　雨水泵站建设用地标准初始值

项目名称	建设规模（m³/s）		行政级别	用地规模（m²）
雨水泵站	I 类	＜10	天津市	＜2500
	II 类	10～20	天津市	2500～3500
	III 类	20～30	天津市	3500～4000
	IV 类	＞30	天津市	4000～5000

三、案例分析与修正

1. 污水处理厂

对天津市污水处理厂实际用地情况与天津市以及国家控制指标对比，可以看出，天津市现有的相当一部分处理厂的用地指标均超出了本标准初始值和国家标准。本着以国家标准为底线的原则，不对初始值进行调整，初始值即为标准最终值。

2. 排水泵站

与污水处理厂用地控制标准类似，天津市许多现有的污水泵站工程用地规模均超过了本标准初始值和国家标准，本着以国家标准为底线，加强节约集约用地的原则，不对初始值进行修正，初始值即为最终值。

第四节　燃气工程用地标准的制定

一、燃气工程分类的确定

国家尚未出台燃气工程项目的用地标准，天津市也暂无该项目的用地标准，但北京、上海、广州等地都出台了该项目的用地标准。北京市将燃气设施按类型分为天然气门站、天然气储配站（罐站）、天然气调压站、液化石油气基地、天然气压缩加气站、压缩天然气供气站与液化天然气气化站七类。上海、广州两地燃气设施分为城市天然气门站、天然气加气站、区域（专用）高中调压站、LNG 事故备用调峰站、LNG 卫星调峰站、天然气储配站、高压阀室七部分。目前天津市也有 LNG 调峰站（比如天津燃气大港 LNG 调峰应急站），为了与其他地方标准具有可比性，本标准借鉴上海和广州的分类，将燃气设施分为城市天然气门站、天然气加气站、区域（专用）高中调压站、LNG 事故备用调峰站、LNG 卫星调峰站、天然气储配站、高压阀室七部分。

二、用地标准初始值的确定

对北京、上海、广州等地燃气设施用地标准进行梳理可知，北京市的分类方式与广州、上海不一致，以至于北京的标准无法与广州和上海两地相比较，上海和广州的标准是完全一致的。因为该项目既没有国家标准，天津市也没出台相关标准，所以采取各地标准的均值方法得到本标准的初始值，如表 10-7 所示。

表 10-7　燃气工程建设用地使用标准初始值

项目名称	城市天然气门站[m²/（万 m³/h）]	天然气储配站（m²/万 m³）	LNG 事故备用调峰站（m²/万 m³）	LNG 卫星调峰站（m²/万 m³）	天然气加压站[m²/（万 m³/h）]	区域（专用）高中调压站[m²/（万 m³/h）]	高压阀室（m²）
单位用地标准初始值	首站：140～840　门站：560～830	10000～28745	14900～44400	155000～416000	200～230	110～450	70～120

三、案例分析与修正

2007 年上海市出台《上海市基础设施用地指标（试行）》（沪建交联〔2007〕548 号），规定了燃气工程项目的建设用地标准，针对燃气工程建设用地已经形成了比较完善的用地标准。广州市在 2009 年出台的《广州市产业用地指南》中的燃气工程用地标准对上海的标准进行借鉴，之后又于 2012 年出台《广州市产业用地指南（2012 年版）》，燃气工程的用地标准依然未发生变化，说明该用地标准已较为完善，经得起实践检验，故本标准不再对初始值进行修正。

第五节　供热工程用地标准的制定

一、供热工程分类的确定

国家没有供热工程的建设用地使用标准，但《天津市城市规划管理技术规定》中有对该项目建设用地指标的控制标准。此外，北京也出台了该项目的用地标准。

北京市将供热工程分为燃气热电厂、燃煤供应厂、燃气供应厂三类；天津市将供热工程分为燃煤锅炉房、燃气锅炉房和中继泵站三部分。考虑到天津市 2012 年 3 月 1 日起开始实施的《关于严格控制燃煤供热锅炉房建设的意见》，要求中心城区、滨海新区及环城四区建成区内不再新建、扩建燃煤供热锅炉房，并逐步淘汰中心城区和滨海新区的既有燃煤供热锅炉房，本标准将供热工程分为燃气锅炉房和中继泵站两部分，燃气锅炉房按锅炉房总容量划分为四类（<21MW、21～56MW、56～116MW、>116MW），中继泵站按供热面积划分为六类（<50 万 m²、50～100 万 m²、100～300 万 m²、300～500 万 m²、500～800 万 m²、800～1300 万 m²）。

二、用地标准初始值的确定

1. 燃气锅炉房

根据目前掌握的资料，仅北京市和天津市有燃气锅炉房建设用地的使用标准，数据对比如表 10-8 所示。

表 10-8 燃气锅炉房建设用地使用标准对比

项目名称	锅炉房总容量（MW）	用地规模（m²）	
		天津市	北京市
燃气锅炉房	<21	<1800	<2100
	21～56	1800～2500	2100～5600
	56～116	2500～4000	5600～11600
	>116	4000～5000	—

从表 10-8 中可以看出：天津市标准比北京市标准要严格。为体现节约集约用地理念，规范引导燃气锅炉房项目建设用地，根据尽量采用天津市现有相关标准的原则，本标准燃气锅炉房建设用地使用标准初始值如表 10-8 所示，即以《天津市城市规划管理技术规定》中有关燃气锅炉房用地规模为标准初始值。

2. 中继泵站

国家以及各地方都没有明确的中继泵站建设用地使用标准，《天津市城市规划管理技术规定》中有该项目的用地标准。本标准充分借鉴天津市现有标准，制定中继泵站建设用地使用标准的初始值，如表 10-9 所示。

表 10-9 中继泵站建设用地使用标准初始值

项目名称	供热建筑面积（万 m²）	用地规模（m²）
中继泵站	<50	500
	50～100	700
	100～300	1000
	300～500	1500
	500～800	2000
	800～1300	2500

三、案例分析与修正

对天津市现有供热工程项目的实际用地规模与《天津市城市规划管理技术规定》确定的用地规模，即本标准的初始值进行对比后可知，天津市供热工程用地标准的初始值符合天津市实际用地情况，故不对其修正，初始值即为天津市供热工程建设用地使用标准。

第六节 通信工程用地标准的制定

一、通信工程分类的确定

1995 年国家出台了《通信工程项目建设用地指标》（建标〔1995〕358 号），江苏省在此基础上制定了地方标准，其他各地方都是采用国家标准作为通信工程用地的控制标准。随着科技发展日新月异，在通信方面发生了很大的变化，电报、寻呼机等已经被彻底淘汰，1995

年制定的国家标准在分类上，显然已经不符合现在的发展需要。本标准充分参考《通信工程项目建设用地指标》（建标〔1995〕358号）的分类方式，结合天津市通信发展需要，适应通信技术政策和通信网的发展规划，摈弃已经被淘汰的项目类型，将通信工程分为以下六类：

（1）长途电信局：电信枢纽局、综合电信局、郊外电信专用局、长途电信线务局；

（2）市内电话局：数字电话局；

（3）微波通信站：无人中间站、有人中间站、分路站、终端站、枢纽站、有源射频直放站、无源中间站；

（4）卫星通信站：天线直径13m及以上站、天线直径10～12m站、天线直径6～9m站；

（5）移动通信局：基站、移动业务交换局、国内收信电台、国际收信电台、国内发信电台、国际发信电台；

（6）通信工程安全保护用地：通信管道、市话架空线路、市话填埋式电（光）缆线路、长途架空线路、长途埋式线路、短波通信收发信电台。

二、用地标准初始值的制定

目前已经有的通信工程的用地标准只有《通信工程项目建设用地指标》（建标〔1995〕358号）和《江苏省通信工程建设用地指标》，将国家与江苏通信工程建设用地使用标准进行对比可知，江苏省的通信工程用地标准和国家标准是完全一样的。因为目前各地方都是以国家标准来控制通信工程建设用地，而且本标准是以国家标准为底线的，所以采用国家标准作为天津市通信工程建设用地使用标准的初始值。

三、案例分析与修正

通信工程用地标准初始值采用的是国家标准，而国家标准是适用于全国各地的用地标准，所以其必然符合天津市的实际用地情况，因此不对初始值进行修正。初始值即为天津市通信工程项目建设用地标准。

第七节　公共交通工程用地标准的制定

一、公共交通工程分类的确定

国家未出台该项目的用地标准，但天津市有公共交通工程的用地标准，此外，北京、上海、广州等地也有公共交通方面的用地标准。各地标准都是根据用途对公共交通工程进行分类的，上海和广州的分类方式基本相同，天津市的标准主要侧重场站建设方面，北京把公用交通分为首末站、中心站、保养厂三类。

《天津市人民政府关于我市优先发展城市公共交通的实施意见》（津政发〔2013〕33号）提出了"推进公共交通场站建设，增强服务设施保证作用""至2015年，公共汽车首末站达到164个，中心城区基本形成圈层式枢纽场站布局"等要求。所以本标准将公共交通工程分为四类：公交首末站和枢纽站、长途客运站、机动车停车场（库）、加油（气）站。

二、用地标准初始值的确定

长途客运站和加油（气）站的用地标准除了北京稍微严格以外，其他各地都是基本一致的；公交首末站、枢纽站用地标准上海和广州相同，上海市比天津市严格；停车场用地标准各地差别较大，天津市标准比上海、广州两地要严格很多。

上海、广州的土地等别比天津市高，所以公交首末站和枢纽站用地标准上海和广州比天津市严格是合理的。《天津市建设项目配建停车场（库）标准》（DB/T29-6-2010）中规定"停车场（库）的占地面积与车辆的停放方式有关，在规划设计阶段，地面停车场按每个机动车车位占地 30 平方米计，停车楼和地下停车库按每个机动车车位占建筑面积 35 平方米计"。所以本标准中公共交通工程建设用地使用标准初始值如表 10-10 所示。

表 10-10　公共交通工程用地标准初始值

项目名称	类型或规模		单位用地标准
公交首末站、枢纽站	—		1000～1400 平方米/线路
长途客运场站	一级车站		360 平方米/百人次
	二级车站		400 平方米/百人次
	三、四、五级车站		500 平方米/百人次
机动车停车场（库）	地面停车场		30 平方米/车位
	停车楼和地下停车场		35 平方米/车位
	多层停车库		15.5 平方米/车位
加油（气）站	每天最大加油、加气车次	1000	3000 平方米
		800	2500 平方米
		500	1800 平方米
		300	1200 平方米

三、案例分析与修正

本标准的初始值采用的是天津市已有的标准或规定，所以与天津市实际用地情况相符，而且用地标准与广州市和上海市基本一致。鉴于以上原因不再对其进行案例分析，不对初始值修正，初始值即为天津市公共交通工程的用地标准。

第八节　城市生活垃圾处理工程用地标准的制定

一、城市生活垃圾处理工程分类的确定

针对城市生活垃圾处理工程，国家出台了《城市生活垃圾处理和给水与污水处理工程项目建设用地指标》（建标〔2005〕157 号），《天津市城市规划管理技术规定》也有该项目的用地控制标准。此外，北京、上海、广州、江苏、河北也都出台了该项目的用地标准。

上海、广州、河北以及国家标准都将城市生活垃圾分为城市生活垃圾填埋处理工程、城市生活垃圾焚烧处理工程、城市生活垃圾堆肥处理工程、城市生活垃圾转运站工程四类；北京市仅制定了生活垃圾转运站的用地标准；江苏省分为静态堆肥、动态堆肥、焚烧、垃圾中转站四类；河北省分为城市生活垃圾填埋处理工程、城市生活垃圾焚烧处理工程、城市生活垃圾堆肥处理工程三类。总的来说，各地对于该项目的分类方式是基本一致的。

天津市有关该项目的用地标准将该项目分为城市生活垃圾填埋处理工程、城市生活垃圾焚烧处理工程、城市生活垃圾转运站三类；但是目前天津市有建设城市生活垃圾堆肥处理工程项目，所以本标准将城市生活垃圾处理工程分为四类：城市生活垃圾填埋处理工程、城市生活垃圾焚烧处理工程、城市生活垃圾堆肥处理工程、城市生活垃圾转运站工程。为了具备可比性，参考国家标准按日处理量对四类项目进一步分类。

二、用地标准初始值的制定

北京、上海、河北的用地标准与国家标准一致，广州市标准仅在城市生活垃圾焚烧处理工程项目方面的用地标准略有差异，广州比国家标准略严格些；天津市垃圾转运站项目用地标准与江苏省基本一致，比国家标准要严格，其他项目用地标准与国家标准一致。

本着以国家标准为底线，尽可能采用天津市现有标准的原则，制定本标准城市生活垃圾处理工程的建设用地使用标准初始值，如表 10-11 所示。

表 10-11　城市生活垃圾处理工程建设用地标准初始值

项目名称	建设规模	用地标准
	建设规模	单位建设用地标准（m²/万 m³）
城市生活垃圾填埋处理工程	I 类（≥1200 万 m³）	1000～1250
	II 类（500～1200 万 m³）	1000～1250
	III 类（200～500 万 m³）	1000～1250
	IV 类（<200 万 m³）	1000～1250
	建设规模	用地指标（公顷）
城市生活垃圾焚烧处理工程	I 类（1200～2000t/d）	4～6
	II 类（600～1200t/d）	3～4
	III 类（150～600t/d）	2～3
	IV 类（50～150t/d）	1～2
	建设规模	用地指标（公顷）
城市生活垃圾堆肥处理工程	I 类（300～600t/d）	3.5～5
	II 类（150～300t/d）	2.5～3.5
	III 类（50～150t/d）	1.5～2.5
	IV 类（≤50t/d）	≤1.5
	建设规模	用地指标（公顷）
城市生活垃圾转运站工程	I 类（1000～3000t/d）	～
	II 类（450～1000t/d）	<0.45
	III 类（150～450t/d）	0.15～0.45
	IV 类（50～150t/d）	0.1～0.15
	V 类（≤50t/d）	≤0.1

三、案例分析与修正

将天津市实际案例用地情况与本标准初始值以及国家标准进行对比可知,实际案例的用地面积除了开发区垃圾中转站符合国家标准外,都超出了本标准初始值以及国家标准的要求。垃圾焚烧处理工程和垃圾堆肥处理工程项目用地面积虽都超出了本标准的初始值,但初始值已经达到了国家标准的底线,不能再调整。垃圾中转站项目用地面积远大于本标准初始值,与国家标准比较接近。对该初始值进行调整,取初始值与国家标准的均值作为该项目的最终标准。

城市生活垃圾处理工程建设用地使用标准如表 10-12 所示。

表 10-12　城市生活垃圾处理工程建设用地使用标准

项目名称	建设规模	用地标准
	建设规模	单位建设用地标准（m²/万 m³）
城市生活垃圾填埋处理工程	Ⅰ类（≥1200 万 m³）	1000～1250
	Ⅱ类（500～1200 万 m³）	1000～1250
	Ⅲ类（200～500 万 m³）	1000～1250
	Ⅳ类（＜200 万 m³）	1000～1250
	建设规模	用地指标（公顷）
城市生活垃圾焚烧处理工程	Ⅰ类（1200～2000t/d）	4～6
	Ⅱ类（600～1200t/d）	3～4
	Ⅲ类（150～600t/d）	2～3
	Ⅳ类（50～150t/d）	1～2
	建设规模	用地指标（公顷）
城市生活垃圾堆肥处理工程	Ⅰ类（300～600t/d）	3.5～5
	Ⅱ类（150～300t/d）	2.5～3.5
	Ⅲ类（50～150t/d）	1.5～2.5
	Ⅳ类（≤50t/d）	≤1.5
	建设规模	用地指标（公顷）
城市生活垃圾转运站工程	Ⅰ类（1000～3000t/d）	—
	Ⅱ类（450～1000t/d）	0.98～1.22
	Ⅲ类（150～450t/d）	0.28～0.98
	Ⅳ类（50～150t/d）	0.1～0.28
	Ⅴ类（≤50t/d）	≤0.1

第九节　市政道路工程用地标准的制定

一、市政道路工程分类的确定

市政道路按城市道路等级划分为四类：快速路、主干道、次干道、支路。天津市有关标准以及其他各地方标准也都是采用此分类。因此，本标准将市政道路划分为快速路、主干道、次干道、支路四类。

二、用地标准初始值的制定

广州、上海以及天津市都制定有该项目的用地标准，天津市标准除快速路比上海、广州严格外，其余都比上海和广州宽松。总的来说，上海和广州的土地等别比天津市要高，所以采用天津市标准作为本标准的初始值。

三、案例分析与修正

梳理分析天津市现有市政道路工程项目，并将其用地标准与本标准的初始值进行对比。总体而言，天津市实际情况与本标准初始值基本相符，初始值具备控制建设用地面积，引导土地节约集约用地的作用。综合考量后，未对标准初始值进行修正，初始值即为最终值。

第十节　公共绿地项目用地标准的制定

一、公共绿地项目分类的确定

关于城市绿地，国家有完善的分类体系，出台了《城市绿地分类标准》（CJJ/T 85-2002），分为以下五类：公园绿地、生产绿地、防护绿地、附属绿地、其他绿地。根据天津市发展需要，本标准只针对公园绿地和开发区绿地（附属绿地）制定用地标准。公园绿地分为综合性公园（市级、区级）、社区公园（居住区公园、小区游园），开发区绿地分为新建居住区绿地、道路附属绿地（绿化隔离带、行道树）。

二、用地标准初始值的制定

该项目国家没有出台标准，《天津市城市规划管理技术规定》中对该项目建设用地的使用有具体描述。天津市出台的《天津开发区居住区环境景观设计及建设导则（试行）》中规定，"开发区新建居住区的绿化指标要求绿地率不小于35%，人均公共绿地不少于1.5平方米"。

综合考虑《天津市城市规划管理技术规定》和《天津开发区居住区环境景观设计及建设

导则（试行）》，结合天津市实际情况制定天津市公共绿地项目用地标准初始值，如表 10-13 所示。

表 10-13　公共绿地项目用地标准初始值

项目类型		用地规模
综合性公园	市级综合性公园（公顷）	20
	区级综合性公园（公顷）	10
社区公园	居住区公园（公顷）	1
	小区游园（公顷）	0.4
开发区绿地	绿化隔离带宽度（米）	2.5
	行道树履带宽度（米）	1.5
	新建居住区绿地（平方米/人）	1.5

三、案例分析与修正

将天津市公共绿地项目的实际用地面积与标准初始值进行对比，天津市现有案例用地面积大都远大于标准初始值，为切合天津市绿地项目用地实际，提高市民生活质量，对综合性公园和社区公园用地标准的初始值进行修正，修正后的天津市公共绿地项目建设用地使用标准如表 10-14 所示。

表 10-14　公共绿地项目建设用地使用标准

项目类型		用地规模
综合性公园	市级综合性公园（公顷）	100
	区级综合性公园（公顷）	50
社区公园	居住区公园（公顷）	5
	小区游园（公顷）	2
开发区绿地	绿化隔离带宽度（米）	2.5
	行道树履带宽度（米）	1.5
	新建居住区绿地（平方米/人）	1.5

第十一节　消防设施项目用地标准的制定

一、消防设施项目分类的确定

国家消防设施项目的建设标准《城市消防站建设标准》（建标 152-2011）对消防站的分类如表 10-15 所示。

表 10-15　消防站分类表

消防站类别		消防车辆数（辆）	人员配备数量（人）
普通消防站	一级普通消防站	5～7	30～45
	二级普通消防站	2～4	15～25
特勤消防站		8～11	45～60
战勤保障消防站		8～11	40～55

北京将消防站分为特勤消防站、一级普通消防站、二级普通消防站三类；上海将消防站分为一级普通消防站、二级普通消防站、特勤消防站、支部队、消防综合训练基地五类。《天津市城市规划管理技术规定》将消防站分为一级普通消防站、二级普通消防站、特勤消防站三部分。各地的分类方式虽略有差异，但总体上都是在国家标准分类的基础上略有改动。本标准在充分参考国家、各地方以及天津市的分类方式，结合天津市现状和发展规划，将消防站分为普通消防站（一级普通消防站、二级普通消防站）、特勤消防站两类。

二、用地标准初始值的制定

北京、上海、国家以及天津均有该项目的用地标准，天津市特勤消防站用地标准与北京、上海一致，比国家标准严格；天津市二级普通消防站用地标准与北京一致，比上海稍微宽松，比国家标准严格；天津市一级普通消防站用地标准比北京、上海宽松，比国际标准严格。

总的来说，天津市现行标准符合国家标准，并且比北京、上海宽松。因为北京、上海两地的土地等别比天津市要高，所以用地标准控制强度大也在情理之中。所以本标准以天津市现行标准作为本标准的初始值。

三、案例分析与修正

消防设施的用地标准初始值采用的是天津市已有的标准，符合天津市实际用地情况，不再对其进行案例修正。初始值即为天津市消防设施项目建设用地使用标准，如表 10-16 所示。

表 10-16　消防站建设用地使用标准

消防站类别		用地规模（m²）
普通消防站	一级普通消防站	3300～4800
	二级普通消防站	2000～3200
特勤消防站		4900～6300

第十一章 天津市非营利性邮政设施项目建设用地标准的制定

第一节 天津市非营利性邮政设施项目建设用地标准的制定思路

一、制定思路

《天津市非营利性邮政设施项目建设用地标准》的制定，重点参照国家出台的《邮政通信枢纽工程设计暂行技术规定》（YDJ25-88）、《城市邮电支局所工程设施暂行技术规定》（YDJ61-90）、《通信工程项目建设用地指标》（建标〔1995〕358 号），以及北京市、广州市、江苏省等地现行非营利性邮政设施项目用地标准，结合天津市及各区县"十二五"规划、非营利性邮政设施项目相关规划、计划资料实际情况，在确定天津市未来非营利性邮政设施项目发展重点的基础上，确定符合天津市发展规划的非营利性邮政设施项目的分类体系和指标体系，并以国家标准为底线，制定非营利性邮政设施项目建设用地使用标准初始值，根据天津市实际案例用地情况对初始值进行修正分析，最终制定了符合天津市发展需要的非营利性邮政设施项目建设用地标准。

二、体系确定

1. 分类体系确定

在分析国家现行公共文化设施项目建设标准和其他地方公共文化设施项目用地标准的基础上，结合我市的经济发展和公共文化事业的发展状况，确定天津市非营利性公共文化设施项目分类体系。分类体系主要参考《划拨用地目录》（中华人民共和国国土资源部令第 9 号），综合分析国家标准、地方标准对公共文化设施项目的分类方式，涵盖图书馆、博物馆、文化馆、青少年文化设施等类别，能够与国家标准、地方标准衔接一致。

重点参考国家建设标准以及广州、江苏等省市的地方标准，结合天津市实际制定。《划拨用地目录》（中华人民共和国国土资源部令第 9 号）对非营利性邮政设施用地的分类为：

（1）邮件处理中心、邮政支局（所）；

（2）邮政运输、物流配送中心；

（3）邮件转运站；

（4）国际邮件互换局、交换站；

（5）集装容器（邮袋、报皮）维护调配处理场。

参考国家以及北京、广州、江苏等地对非营利性邮政设施项目的分类，结合天津市实际情况和发展规划，天津市非营利性邮政设施项目建设用地标准制定时，只针对邮政运输项目（邮政局、邮政所、邮件处理场地）和物流配送中心项目制定用地标准，各项目分别参考江苏省按照建设规模进一步分类。非营利性邮政设施项目分类如表 11-1 所示。

表 11-1　天津市非营利性邮政设施项目分类

项目名称	项目类别	建设规模
邮政局	一类局	营业席位数≥24 个
	二类局	14 个≤营业席位数<24 个
	三类局	营业席位数<15 个
邮政所	一类所	营业席位数≥6 个
	二类所	3 个≤营业席位数<6 个
	三类所	营业席位数<4 个
邮件处理场地	—	年业务量≥4001 万件
	—	2000 万件≤年业务量<4001 万件
	—	年业务量<2001 万件
物流配送中心	—	日流通量≥5001 吨
	—	1000 吨≤日流通量<5001 吨
	—	日流通量<1001 吨

2. 指标体系确定

本着简便易用的原则，本指标采用用地规模对邮政局、邮政所、邮件处理场地建设用地进行控制，采用单位用地面积对物流配送中心建设用地面积进行控制。简单明了，易于政府部门和用地单位使用。

第二节　天津市非营利性邮政设施项目建设用地标准的制定

一、用地标准初始值的制定

公共文化设施项目主要确定各项目用地标准的初始值，主要有两种方式：对于有国家建设标准的项目，以国家建设标准为底线，将国家建设标准换算成的用地标准作为该项目用地标准的初始值；对于没有国家建设标准或天津市建设标准的项目，取各地标准的均值作为该项目用地标准的初始值。

2009 年广州市制定了《广州市产业用地指南》，2012 年又对其进行了修正；江苏省 2006 年出台《江苏省建设用地指标》，2010 年对其修正，出台了《江苏省建设用地指标（2010 年版）》。经过对标准的制定和修订，北京、广州、江苏等省市已形成比较完善的邮政设施项目用地标准。

本标准充分利用已有成果，参考各地方用地标准，采用取均值的方式，取北京、广州、江苏、江西四地邮政设施用地标准的均值作为本标准非营利性邮政设施项目建设用地使用标准的初始值，如表 11-2 所示。

表 11-2 非营利性邮政设施建设用地使用标准初始值

项目类型		用地指标（平方米/处）
邮政局	一类局（营业席位数≥23 个）	3722
	二类局（14 个≤营业席位数＜23 个）	2866
	三类局（营业席位数＜14 个）	2440
邮政所	一类所（营业席位数≥5 个）	722
	二类所（3 个≤营业席位数＜5 个）	700
	三类所（营业席位数＜3 个）	700
邮件处理场地	年业务量≥4000 万件	4500
	2000 万件≤年业务量＜4000 万件	4000
	年业务量＜2000 万件	3500
物流配送中心	—	用地指标（平方米/吨）
	日流通量≥5000 吨	20
	1000 吨≤日流通量＜5000 吨	20～38
	日流通量＜1000 吨	38～44

二、案例分析与修正

鉴于北京、广州、江苏等地的邮政设施用地标准已相对较为完善，而天津市土地等别较北京和广州略低，比江苏省高，故理论上而言，天津市的用地标准要比江苏严格，比北京和广州宽松。通过取均值得到的用地标准初始值在江苏和北京、广州之间，且案例对比情况表明，标准初始值符合天津市实际用地情况，故本标准制定时未对初始值进行修正，初始值即为天津市非营利性邮政设施建设用地使用标准。

第十二章 天津市公益性科研机构项目建设用地标准的制定

第一节 天津市公益性科研机构项目建设用地标准的制定思路

一、制定思路

《天津市公益性科研机构项目建设用地标准》的制定，重点参照国家出台的《科研建筑工程规划面积指标》（建标〔1991〕708 号），以及江苏省等地现行非营利性邮政设施项目用地标准，结合天津市及各区县"十二五"规划、公益性科研机构项目相关规划、计划资料实际情况，在确定天津市未来公益性科研机构项目的发展重点的基础上，确定符合天津市发展规划的公益性科研机构项目的分类体系和指标体系，并以国家标准为底线，制定公益性科研机构项目建设用地使用标准初始值，根据天津市实际案例用地情况对初始值进行修正后，从而最终制定了符合天津市发展需要的公益性科研机构项目建设用地标准。

二、体系确定

1. 分类体系确定

天津市公益性科研机构项目建设用地标准分类体系的确定，重点参考了《划拨用地目录》、国家相关政策文件及北京、广州、江苏、江西等地方标准的分类方式。《划拨用地目录》（中华人民共和国国土资源部令第 9 号）对公益性科研用地的分类为：

（1）科学研究、调查、观测、实验、试验（站、场、基地）设施；

（2）科研机构办公设施。

江苏省的科研项目分类如表 12-1 所示。

表 12-1 江苏省科研项目分类

类别名称	建设规模或类型（人）	建筑物高度		
研究所	200	低层	多层	低层与高层结合
	400	低层	多层	低层与高层结合
	600	低层	多层	低层与高层结合
	900	低层	多层	低层与高层结合
	1200	低层	多层	低层与高层结合

类别名称	建设规模或类型（人）	建筑物高度		
研发机构	200	低层	多层	低层与高层结合
	400	低层	多层	低层与高层结合
	600	低层	多层	低层与高层结合
	900	低层	多层	低层与高层结合
	1200	低层	多层	低层与高层结合

　　江苏省已经形成了比较完善的科研项目建设用地标准体系，其中研发机构指的是为相关企业提供技术支持的，相对独立的研究部门，不属于公益性科研项目。借鉴江苏省的分类方式，天津市公益性科研机构项目建设用地标准对公益性科研项目的分类方式如表 12-2 所示。

表 12-2　天津市公益性科研项目分类

类别名称	建设规模或类型（人）	建筑物高度		
研究所	200	低层	多层	低层与高层结合
	400	低层	多层	低层与高层结合
	600	低层	多层	低层与高层结合
	900	低层	多层	低层与高层结合
	1200	低层	多层	低层与高层结合

　　其中低层为低于或等于 10 米的建筑物，一般是 1～3 层；多层指高于 10 米，且低于或等于 24 米的建筑物，一般为 4～8 层；高层指高于 24 米的建筑物，一般为 8 层以上。

　　2. 指标体系确定

　　本着简便易用的原则，本指标采用单位用地面积对公益性科研项目建设用地面积进行控制。简单明了，易于政府部门和用地单位使用。

第二节　天津市公益性科研机构项目建设用地标准的制定

一、用地标准初始值的制定

　　根据目前了解到的情况，仅江苏省制定了科研项目的用地标准。江苏省于 2006 年出台《江苏省建设用地指标》，制定了科研项目的用地标准，之后对其修正，于 2010 年出台《江苏省建设用地指标（2010 版）》，已经形成了比较完善的科研项目建设用地使用标准。就天津市实际情况而言，公益性科研项目根据研究对象的不同，建筑物也存在低层、多层、高层之分。本标准充分借鉴现有成果，结合天津市实际情况，参考江苏的标准，制定天津市公益性科研机构建设用地使用标准的初始值。

二、案例分析与修正

梳理天津市公益性科研机构项目案例，并将各分析案例的实际用地情况和控制标准初始值进行对比，部分对比情况如表 12-3 所示。考虑天津市公益性科研机构项目实际用地需求和规划发展重点方向，通过大量的实际案例对比和典型案例分析后可知，天津市公益性科研机构用地标准初始值符合实际，一定程度上能够规范天津市公益性科研机构建设，促进土地节约集约利用水平的提升。因此，未进行用地标准初始值修正，用地标准初始值即为天津市公益性科研机构项目建设用地标准。

表 12-3 公益性科研机构典型案例与标准初始值对比表

项目名称	建设规模（人）	建设类型（低层、多层、高层）	实际用地面积（平方米/人）	单位用地标准（平方米/人）
公安部天津消防研究所	420	多层	57.14	58～48
天津市热处理研究所	200	低层	67.5	75～60

第十三章　天津市非营利性体育设施项目建设用地标准的制定

第一节　天津市非营利性体育设施项目建设用地标准的制定思路

一、制定思路

《天津市非营利性体育设施项目建设用地标准》的制定，重点参照国家出台的《城市社区体育设施建设用地指标》（建标〔2005〕156号）、《体育训练基地建设用地指标》（建标〔2011〕214号），以及各地现行非营利性体育设施项目用地标准，结合天津市及各区县"十二五"规划、公益性科研机构项目相关规划、计划资料实际情况，在确定天津市未来非营利性体育设施项目发展重点的基础上，确定符合天津市发展规划的非营利性体育设施项目的分类体系和指标体系，并以国家标准为底线，制定非营利性体育设施项目建设用地使用标准初始值，根据天津市实际案例用地情况对初始值进行修正后，从而最终制定了符合天津市发展需要的非营利性体育设施项目建设用地标准。

二、体系确定

1. 分类体系确定

确定天津市非营利性体育设施项目分类体系时，主要是在分析国家现行体育设施用地标准和各地现行体育设施项目用地标准的基础上，结合我市体育设施建设情况，重点参考《划拨用地目录》（国土资源部令第9号）、国家标准以及《天津市城市规划管理技术规定》对体育设施项目的分类方式，将天津市非营利性体育设施项目分为体育训练基地和城市社区体育设施两部分，能够与国家标准和其他地方标准衔接一致。

国家出台的《划拨用地目录》（国土资源部令第9号）将非营利性体育设施用地分为以下三类：

（1）各类体育运动项目专业比赛和专业训练场（馆）、配套设施（高尔夫球场除外）；

（2）体育信息、科研、兴奋剂检测设施；

（3）全民健身运动设施（住宅小区、企业单位内配套的除外）。

针对非营利性体育设施项目，国家出台的《体育训练基地建设用地指标》（建标〔2011〕214号）、《城市社区体育设施建设用地指标》（建标〔2005〕156号）中对田径训练场、射击训练场、手球训练馆、曲棍球训练馆、棒球训练馆、垒球训练馆、排球项目、足球项目、门球项目、游泳项目、网球项目、乒乓球项目、羽毛球项目、轮滑项目、滑冰项目、长走（散步、健步走）项目、跑步项目以及棋牌、台球、器械健身项目等诸多项目建设用地进行了限制。

《天津市城市规划管理技术规定》将体育设施分为体育场馆和体育训练基地两部分，与国家出台的两个标准是一致的。

综合分析《划拨用地目录》、国家标准对非营利性体育设施项目的分类，结合天津市实际情况，本标准将非营利性体育设施分为体育训练基地和城市社区体育设施两部分，每部分均参照国家标准进行进一步分类。

2. 指标体系确定

为与国家标准和其他地方标准衔接一致，控制指标采取用地规模指标。本着简便易用的原则，本标准采用用地规模（即场地总面积）对非营利性体育设施项目建设用地进行控制。控制指标简单明了，易于政府部门和用地单位使用。

第二节　天津市非营利性体育设施项目建设用地标准的制定

一、用地标准初始值的制定

国家对于非营利性体育设施项目建设的用地标准已经比较完善，且国家标准的制定综合考虑了全国各个地方实际用地情况，具有全国范围内的普遍适用性。目前全国各地基本都使用的是国家标准对非营利性体育设施建设用地面积进行控制。结合天津市实际情况，本着以国家标准为底线的原则，本标准采用国家标准作为本标准的初始值，具体情况如下。

1. 体育训练场

（1）田径训练场馆用地面积如表 13-1 所示。

表 13-1　田径训练场馆用地指标初始值

场馆名称	用地面积（平方米）	
	综合基地	专项基地
室外田径训练场	22000	
室内田径训练场	13000	44400
投掷练习场	9400	

（2）水球、游泳、花样游泳等项目每个单项训练场馆用地面积均为 6800 平方米。跳水训练馆用地面积为 12400 平方米。

（3）体操训练馆用地面积为 7900 平方米。艺术体操、蹦床等项目每个单项训练馆用地面积均为 5400 平方米。

（4）拳击、跆拳道、举重、摔跤、柔道、武术、击剑项目每个单项训练馆用地面积均为 5400 平方米。

（5）250 米赛道自行车训练场地用地面积为 10200 平方米，333.33 米赛道自行车训练场地用地面积为 14700 平方米，400 米赛道自行车训练场地用地面积为 18300 平方米。

（6）射击训练场馆用地指标如表 13-2 所示。射击训练场的用地面积为 30000 平方米。

表 13-2　射击训练场用地指标初始值

训练项目	场馆名称	场地规格	用地面积（平方米）	
			综合基地	专项基地
射击	射击训练馆	50 米靶场，80 个靶位	11500	51200
		20 米靶场，12 组 60 个靶位	5700	
		10 米靶场，80 个靶位	3700	
		10 米移动靶场，5 组	1500	
	飞碟靶场	设置安全挡墙	34000	

（7）综合基地中足球训练场按 2～4 片配置，用地面积为 18400～34400 平方米；足球专项训练基地训练场按 6～8 片配置，用地面积为 52300～68800 平方米。

（8）篮球训练馆以综合基地建设时，用地面积为 7900 平方米；以专项基地建设时，用地面积为 15800 平方米。

（9）排球训练馆以综合基地建设时，用地面积为 7900 平方米；以专项基地建设时，用地面积为 15800 平方米。

（10）乒乓球、羽毛球项目每个单项训练馆用地面积为 7900 平方米。

（11）以综合基地建设时，网球室内训练馆用地面积为 7900 平方米，网球室外训练场用地面积为 2880 平方米；以专项基地建设时，训练场馆用地面积为 26880 平方米。

（12）手球、曲棍球、棒球、垒球训练馆用地面积如表 13-3 所示。

表 13-3　手球、曲棍球、棒球、垒球训练场馆用地指标初始值

训练项目	场馆名称	用地面积（平方米）	
		综合场地	专项场地
手球	手球训练馆	7900	7900
曲棍球	曲棍球训练馆	7050	21100
棒球	棒球训练馆	27020	51870
垒球	垒球训练馆	14540	26910

2. 城市社区体育项目

（1）排球项目用地标准如表 13-4 所示。

表 13-4　排球项目建设用地标准初始值

项目	长度（米）	宽度（米）	边线缓冲距离（米）	端线缓冲距离（米）	场地面积（平方米）
标准排球场地	18	9	1.5～2	3～6	290～390

（2）足球项目用地标准如表 13-5 所示。

表 13-5　足球项目建设用地标准初始值

项目	长度（米）	宽度（米）	缓冲距离（米）	场地面积（平方米）
11 人制足球场地	90～120	45～90	3～4	4900～12550
7 人制足球场地	60	35	1～2	2300～2500
5 人制足球场地	25～42	15～25	1～2	460～1340

（3）门球项目用地标准如表 13-6 所示。

表 13-6　门球项目建设用地标准初始值

项目	长度（米）	宽度（米）	缓冲距离（米）	场地面积（平方米）
门球场地	20～25	15～25	1	380～730

（4）网球、乒乓球、羽毛球项目建设用地标准如表 13-7 所示。

表 13-7　网球、乒乓球、羽毛球项目建设用地标准初始值

项目	长度（米）	宽度（米）	边线缓冲距离（米）	端线缓冲距离（米）	场地面积（平方米）
网球场地	23.77	10.97	2.5～4	5～6	540～680
乒乓球场地（两台一组）	10～13	5.5～9.5	—	—	40～85
羽毛球场地	13.4	6.1	1.5～2	1.5～2	150～175

（5）游泳项目建设用地标准如表 13-8 所示。

表 13-8　游泳项目建设用地标准初始值

项目	长度（米）	宽度（米）	池侧缓冲距离（米）	池端缓冲距离（米）	更衣室面积（平方米）	设备用房面积（平方米）	场地面积（平方米）
标准游泳池	50	21～25	3～4	2～3	200～300	30～100	1680～2250
普通游泳池	25	12～15	3～4	2～3	60～100	30～100	610～910
小型游泳池	—	—	—	—	—	—	150～300

（6）轮滑、滑冰项目建设用地标准如表 13-9 所示。

表 13-9　轮滑、滑冰项目建设用地标准初始值

项目	长度（米）	宽度（米）	护栏外缓冲距离（米）	场地面积（平方米）
轮滑场	28	15	1～2	510～610
滑冰场				

（7）长走（散步、健步走）、跑步项目建设用地标准如表 13-10 所示。

表 13-10　长走（散步、健步走）、跑步项目建设用地标准初始值

项目	跑道与步行道面积指标	
	长度（米）	场地面积（平方米）
长走（散步、健步走）、跑步项目	60～100	300～1000
	100～200	500～2000
	200～400	1000～4000

（8）棋牌、台球、器械健身项目建设用地标准如表 13-11 所示。

表 13-11　棋牌、台球、器械健身项目建设用地标准初始值

项目	长度（米）	宽度（米）	场地面积（平方米）
斯诺克（最大）	7	5	35
美式 8 球（最小）	6	4	24

二、案例分析与修正

本标准以国家标准为天津市非营利性体育设施项目建设用地使用标准的初始值。国家标准制定时充分参考了全国各地区非营利性体育设施项目实际案例的用地情况，并在综合分析的基础上形成了最终的国家标准，符合天津市实际用地情况，故本标准制定时未对初始值进行修正。初始值即为天津市非营利性体育设施项目建设用地使用标准最终值。

第十四章　天津市非营利性公共文化设施项目建设用地标准的制定

第一节　天津市非营利性公共文化设施项目建设用地标准的制定思路

一、制定思路

《天津市非营利性公共文化设施项目建设用地标准》的制定，重点参照国家出台的《公共图书馆建设标准》（建标〔2008〕108号）、《文化馆建设标准》（建标〔2010〕136号），以及广州、江苏等省市现行非营利性公共文化设施项目用地标准，结合天津市及各区县"十二五"规划、非营利性公共文化设施项目相关规划、计划资料实际情况，在确定天津市未来非营利性公共文化设施项目发展重点的基础上，确定符合天津市发展规划的非营利性公共文化设施项目的分类体系和指标体系，并以国家标准为底线，制定非营利性公共文化设施项目建设用地使用标准初始值，根据天津市实际案例用地情况对初始值进行修正后，从而最终制定了符合天津市发展需要的非营利性公共文化设施项目建设用地标准。

二、体系确定

1. 分类体系确定

在分析国家现行公共文化设施项目建设标准和其他地方公共文化设施项目用地标准的基础上，结合我市的经济发展和公共文化事业的发展状况，确定天津市非营利性公共文化设施项目分类体系。分类体系主要参考《划拨用地目录》（中华人民共和国国土资源部令第9号），综合分析国家标准、地方标准对公共文化设施项目的分类方式，涵盖图书馆、博物馆、文化馆、青少年文化设施等类别，能够与国家标准、地方标准衔接一致。

国家出台的《划拨用地目录》（国土资源部令第9号）将非营利性公共文化设施用地分为以下四类：

（1）图书馆；

（2）博物馆；

（3）文化馆；

（4）青少年宫、青少年科技馆、青少年（儿童）活动中心。

针对非营利性公共文化设施，国家已经出台了的《公共图书馆建设标准》和《文化馆建设标准》，对图书馆和文化馆项目建设用地进行了限制。广州市针对公共图书馆、博物馆、档案馆、文化馆、文化站等制定了用地标准；天津市出台的《天津市城市规划管理技术规定》中也规定了图书展览类用地比例。综合分析《划拨用地目录》、国家标准、广州和天津地方性标准以及规定对非营利性公共文化设施的分类，结合天津市实际情况，本标准针对图书馆、博物馆、文化馆、青少年文化设施项目制定用地标准。每类项目参考国家标准按规模进一步分类。

2. 指标体系确定

本着简便易用的原则，本标准采用建筑面积以及建设用地总面积（建设规模）对非营利性公共文化设施建设用地进行控制。控制指标简单明了，易于政府部门和用地单位使用。

第二节　天津市非营利性公共文化设施项目建设用地标准的制定

一、用地标准初始值的制定

全面梳理分析国家以及广州市现行的非营利性公共文化设施用地标准，可以发现广州市文化馆的用地标准比国家标准严格16%左右，其他标准中，广州市相对于国家标准略微严格些。依据天津市在全国的实际位置，天津市的用地标准要比广州市宽松或持平。鉴于以上，图书馆、文化馆采用国家标准作为本标准的初始值；博物馆项目以广州市的用地标准为基础，调高10%作为本标准的初始值；青少年文化设施用地参考文化馆项目用地标准。

非营利性公共文化设施项目建设用地使用标准初始值如表14-1至表14-6所示。

表 14-1　图书馆小型馆项目建设用地标准初始值

服务人口（万人）	藏书量[万册（件）]	容积率	建筑密度（%）	用地面积（平方米）
5	5	≥0.8	25～40	1200～1500
10	10	≥0.9	25～40	2000～2500
15	15	≥0.9	25～40	3000～4000
20	20	≥0.9	25～40	4000～5000

表 14-2　图书馆中型馆建设项目用地标准初始值

服务人口（万人）	藏书量[万册（件）]	容积率	建筑密度（%）	用地面积（平方米）
30	30	≥1.0	25～40	4500～5500
40	35	≥1.0	25～40	5500～6500
50	45	≥1.0	25～40	6500～7500
60	55	≥1.1	25～40	7000～8000
70	60	≥1.1	25～40	8000～9000
80	70	≥1.1	25～40	8500～10000

服务人口（万人）	藏书量[万册（件）]	容积率	建筑密度（%）	用地面积（平方米）
90	80	≥1.2	25～40	9000～10500
100	90	≥1.2	25～40	9500～11000
120	100	≥1.2	25～40	10000～13000

表 14-3 图书馆大型馆建设项目用地标准初始值

服务人口（万人）	藏书量[万册（件）]	容积率	建筑密度（%）	用地面积（平方米）
150	130	≥1.2	30～40	11000～17000
200	180	≥1.2	30～40	14000～22000
300	270	≥1.3	30～40	20000～30000
400	360	≥1.4	30～40	27000～38000
500	500	≥1.5	30～40	35000～47000
800	800	≥1.5	30～40	46000～69000
1000	1000	≥1.5	30～40	52000～80000

表 14-4 博物馆项目建设用地标准初始值

项目名称	建设规模		用地规模（平方米）
	类型	总建筑面积（平方米）	
博物馆	大型	10000	6700
	中型	4000～10000	2700～6700
	小型	4000	2700

表 14-5 文化馆项目建设用地标准初始值

类型	建筑面积（平方米）	建设用地总面积（平方米）	建设用地中的室外活动场地（平方米）
大型馆	≥6000	4500～6500	1200～2000
中型馆	4000～6000	3500～5000	900～1500
小型馆	2000～4000	2000～4000	600～1000

表 14-6 青少年文化设施项目建设用地标准初始值

项目名称	项目类型	用地规模（平方米）
青少年文化设施	青年宫、少年宫、青少年宫	3000～7000

二、案例分析与修正

本标准中的图书馆、文化馆、博物馆、青少年文化设施项目建设用地标准的初始值主要参考的是国家标准和部分地方标准，国家标准的制定是在全国范围内搜集了大量实际案例的用地情况，综合分析之后制定的用地标准，符合天津市实际用地情况。因此，对天津市而言，图书馆、文化馆、博物馆、青少年文化设施项目建设用地标准的初始值也具有较强的普适性。故本标准制定时未对初始值进行修正，则标准初始值即为天津市非营利性公共文化设施项目建设用地标准最终值。

第十五章 天津市非营利性社会福利设施项目建设用地标准的制定

第一节 天津市非营利性社会福利设施
项目建设用地标准的制定思路

一、制定思路

天津市非营利性社会福利设施项目分类体系、控制指标体系和控制指标初始值的制定，以国家出台的《划拨用地目录》（中华人民共和国国土资源部令第 9 号）、《残疾人康复中心建设标准》（残联发〔2006〕43 号）、《儿童福利院建设标准》（建标〔2010〕145 号）的相关标准为基础，参考广州市、江苏省、重庆市等地出台的有关规定，结合天津市的实际情况和发展需求确定。搜集实际案例，分析项目用地情况，对控制标准初始值进行修正，最终得到既符合天津市实际需求，又能体现节约集约用地理念的非营利性社会福利设施项目建设用地控制指标。

二、体系确定

1. 分类体系确定

天津市非营利性社会福利设施项目的分类体系，主要以国家出台的《划拨用地目录》（中华人民共和国国土资源部令第 9 号）中对非营利性社会福利设施项目的分类为基础，参考《残疾人康复中心建设标准》（残联发〔2006〕43 号）、《儿童福利院建设标准》（建标〔2010〕145 号）和广州市、江苏省等地出台的相关分类标准，同时结合《天津市城市规划管理技术规定》和天津市实际发展需求来确定。

《划拨用地目录》中将非营利性社会福利设施项目分为七类，即福利性住宅、综合性社会福利设施、老年人社会福利设施、儿童社会福利设施、残疾人社会福利设施、收容遣送设施和殡葬设施。

广州市将非营利性社会福利设施项目分为三类，即养老设施、儿童福利设施和社会救助设施。江苏省将非营利性社会福利设施项目分为三类，即老年公寓、养老院和收养收容服务。《天津市城市规划管理技术规定》中将社会福利设施分为五类，即养老院、老人护理院、老年大学、残疾人康复中心和儿童福利院。

根据《天津市城市规划管理技术规定》和社会福利设施项目的发展现状及需求，天津市社会福利设施的服务对象基本上覆盖老年、儿童、残疾人三类人群。由于殡葬设施用地将单独制定用地标准，故在分类中剔除殡葬设施。因此，按照服务对象群体，将天津市非营利性社会福利设施项目分为以下三类：

(1) 老年人社会福利设施：养老院、老人护理院、老年大学；

(2) 儿童社会福利设施：儿童福利院；

(3) 残疾人社会福利设施：残疾人康复中心。

2. 指标体系确定

根据天津市非营利性社会福利设施项目的实际建设情况和需求，本着简便易用的原则，养老院、老人护理院、老年大学、儿童福利院建设用地规模采用单位用地指标和用地规模指标进行控制，残疾人康复中心建设用地规模采用单位用地指标进行控制。

第二节　天津市非营利性社会福利设施项目建设用地标准的制定

一、用地标准初始值的制定

以国家出台的现行标准为底线，参考广州市、重庆市、江苏省的非营利性社会福利设施项目建设用地使用标准，结合《天津市城市规划管理技术规定》及天津市实际情况，制定非营利性社会福利设施项目建设用地控制指标初始值。

国家出台的《残疾人康复中心建设标准》（残联发〔2006〕43 号）和《儿童福利院建设标准》（建标〔2010〕145 号）、广州市出台的《广州产业用地指南（2012 年版）》、重庆市出台的《重庆市城乡规划公共服务设施规划导则（试行）》以及江苏省出台的《江苏省建设用地指标（2010 年版）》都对社会福利设施建设用地使用标准作出了相关规定。

综合来看，广州、重庆、江苏对老年人社会福利设施项目规定了用地标准，其中重庆市的用地标准最为严格，广州和江苏的用地标准相差不大；国家对残疾人社会福利设施项目规定了用地标准，而地方尚未出台相关的用地标准；对于儿童社会福利设施项目，国家和天津、广州都规定了用地标准，其中国家的用地标准最为严格，天津市和广州市的用地标准控制强度弱且超出国家标准。

天津市非营利性社会福利设施项目控制指标制定以国家现行标准为底线，不能超过国家规定的用地标准；对于国家未规定相关用地标准的非营利性社会福利设施项目，参照地方规定结合天津市实际情况确定。对于老年人社会福利设施项目用地标准，国家和天津市均尚无规定，而广州市、重庆市、江苏省等地已经形成了比较成熟的用地标准，因此考虑天津市的发展现状可借鉴其标准，采用三地的均值作为老年人社会福利设施项目建设用地使用标准初始值；对于残疾人社会福利设施项目，仅有国家现行标准，因此将其作为残疾人社会福利设施项目建设用地使用标准初始值；对于儿童社会福利设施项目，天津市的现行标准超出国家标准，因此将国家现行标准作为儿童社会福利设施项目建设用地使用标准初始值。天津市非营利性社会福利设施项目用地标准初始值如表 15-1 所示。

表 15-1　天津市非营利性社会福利设施项目建设用地控制指标初始值

项目名称	项目类别	建设规模（人）		单位用地指标（平方米/床）	用地规模（hm²）
老年人社会福利设施	养老院、老人护理院、老年大学	大型	>150	35～42	0.8
		中型	60～150	42～50	0.75
		小型	≤60	50～57	0.34
残疾人社会福利设施	残疾人康复中心	—	—	50～100	—
儿童社会福利设施	儿童福利院	高标准	>300	58～63	1.9～2.5
		较高标准	150～300	63～68	1.0～1.9
		一般标准	≤150	68～71	0.8～1.0

二、案例分析与修正

　　梳理分析天津市非营利性社会福利设施项目案例，并将各分析案例的实际用地情况和控制指标初始值进行对比。通过大量的实际案例对比和典型案例分析，考虑天津市非营利性社会福利设施项目实际用地需求和规划发展重点方向，非营利性社会福利设施项目控制指标初始值符合实际，一定程度上能够规范天津市非营利性社会福利设施项目建设，促进土地节约集约利用水平的提升。因此，未进行控制指标初始值修正，控制指标初始值即为天津市非营利性社会福利设施项目建设用地控制指标。

第十六章　天津市电力工程项目
建设用地标准的制定

第一节　天津市电力工程项目建设用地标准的制定思路

一、制定思路

天津市电力工程项目分类体系、控制指标体系和控制指标初始值的制定，以国家出台的《电力工程项目建设用地指标（火电厂、核电厂、变电站和换流站）》（建标〔2010〕78号）、《电力工程项目建设用地指标（风电场）》（建标〔2011〕209号）的相关标准为基础，参考北京、上海、广州、江苏、河北等地出台的有关规定，结合天津市的实际情况和发展需求确定。搜集实际案例，分析项目用地情况，对控制标准初始值进行修正，最终得到既符合天津市实际需求，又能体现节约集约用地理念的电力工程项目建设用地控制指标。

二、体系确定

1. 分类体系确定

天津市电力工程项目的分类体系以国家出台的《电力工程项目建设用地指标（火电厂、核电厂、变电站和换流站）》（建标〔2010〕78号）、《电力工程项目建设用地指标（风电场）》（建标〔2011〕209号）和北京、上海、广州、江苏、河北等地出台的建设用地标准中所列的电力工程项目为参考，结合天津市实际需求确定。

《电力工程项目建设用地指标（火电厂、核电厂、变电站和换流站）》中火力发电厂包括燃煤发电厂、燃气—蒸汽联合循环发电厂和整体煤气化联合循环发电厂，针对每类发电厂厂区建设制定了用地控制标准。变电站和换流站主要分为110kV变电站、220kV变电站、330kV变电站、500kV变电站、750kV变电站和1000kV变电站。《电力工程项目建设用地指标（风电场）》中明确风电场工程项目的建设用地指标是指风电场主要生产和辅助设施建设用地，规定了风电场工程项目建设的用地标准。

北京、上海、广州、江苏、河北等地的电力工程项目均参照国家标准，根据各地区的环境条件及发展需求，从国家标准中提取适合的条款，整合为地区的分类体系和用地标准。

天津市电力工程项目的分类体系同样参照国家标准，选取符合自身发展条件和需求的项目分类和用地标准，整合后的分类体系如表16-1所示。

表 16-1　天津市电力工程项目分类体系

电力工程项目类别	电力工程项目类型
火力发电厂	燃煤发电厂
	燃气—蒸汽联合循环发电厂
	整体煤气化联合循环（IGCC）发电厂
变电站和换流站	110kV 变电站
	220kV 变电站
	500kV 变电站
风电场	—

2. 指标体系确定

根据天津市电力工程项目的实际建设情况和需求，本着简单易用、统一规范的原则，参考《电力工程项目建设用地指标（火电厂、核电厂、变电站和换流站）》（建标〔2010〕78 号）、《电力工程项目建设用地指标（风电场）》（建标〔2011〕209 号）和各地方出台的电力工程项目建设用地控制标准确定控制指标。

燃煤发电厂厂区、燃气—蒸汽联合循环发电厂厂区、整体煤气化联合循环（IGCC）发电厂厂区建设用地规模采用厂区用地规模指标和单位装机容量用地指标进行控制；变电站和换流站建设用地规模采用用地规模指标进行控制；风电场工程项目的建设用地指标主要包括风电机组、机组变电站、集电线路、升压变电站及运行管理中心以及交通工程的建设用地。

第二节　天津市电力工程项目建设用地标准的制定

一、用地标准初始值的制定

以国家出台的现行标准为底线，参考北京市、上海市、广州市、江苏省、河北省的电力工程项目建设用地使用标准，结合天津市实际情况，制定电力工程项目建设用地控制指标初始值。

对比分析国家出台的《电力工程项目建设用地指标（火电厂、核电厂、变电站和换流站）》（建标〔2010〕78 号）、《电力工程项目建设用地指标（风电场）》（建标〔2011〕209 号）和北京、上海、广州、江苏、河北等地的用地标准，各地均使用国家标准作为地方标准。国家标准对火力发电厂、核电厂、变电站和换流站建设用地指标，以及风电场建设用地指标作了详细说明，标准的制定是采用全国实例验证、支持，具有全国范围内的普遍适用性，符合天津市用地标准。因此，天津市结合自身发展需求，采用国家标准作为天津市电力工程项目建设用地控制指标初始值。

二、案例分析与修正

天津市电力工程项目建设用地控制指标初始值是以国家标准为基础，筛选出符合天津市发展的发电站类别、技术条件等制定而成。国家标准的制定是在全国范围内搜集了大量实际案例的用地情况，综合分析之后制定的，具有普遍适用性。

　　搜集天津市电力工程项目案例，对比分析案例中的实际用地情况和控制指标初始值。通过大量的实际案例对比和典型案例分析，考虑天津市电力工程项目实际用地需求和规划发展的重点方向，电力工程项目控制指标初始值符合实际，一定程度上能够规范天津市电力工程项目建设，促进土地节约集约利用水平的提升。因此，未进行控制指标初始值修正，控制指标初始值即为天津市电力工程项目建设用地控制指标。

第十七章　天津市水利设施项目建设用地标准的制定

第一节　天津市水利设施项目建设用地标准的制定思路

一、制定思路

天津市水利设施项目分类体系、控制指标体系和控制指标初始值的制定，以国家出台的《划拨用地目录》（中华人民共和国国土资源部令第9号）和《水利水电工程建设用地设计标准》的相关标准为基础，参考广州、上海等地出台的有关规定，结合天津市的实际情况和发展需求确定。搜集实际案例，分析项目用地情况，对控制标准初始值进行修正，最终得到既符合天津市实际需求，又能体现节约集约用地理念的水利设施项目建设用地控制指标。

二、体系确定

1. 分类体系确定

天津市水利设施项目的分类体系，主要以国家出台的《划拨用地目录》（中华人民共和国国土资源部令第9号）和《水利水电工程建设用地设计标准》为基础，参考广州、上海等地出台的相关标准中对水利设施项目分类，同时结合天津市实际发展需求来确定。

《划拨用地目录》中将水利设施项目分为十类，即水利工程用地，包括挡水、泄水建筑物、引水系统、尾水系统、分洪道及其附属建筑物，附属道路、交通设施，供电、供水、供风、供热及制冷设施；水库淹没区；堤防工程；河道治理工程；水闸、泵站、涵洞、桥梁、道路工程及其管护设施；蓄滞洪区、防护林带、滩区安全建设工程；取水系统，包括水闸、堰、进水口、泵站、机电井及其管护设施；输（排）水设施（含明渠、暗渠、隧道、管道、桥、渡槽、倒虹、调蓄水库、水池等）、压（抽、排）泵站、水厂；防汛抗旱通信设施，水文、气象测报设施；水土保持管理站、科研技术推广所（站）、试验地设施。《水利水电工程建设用地设计标准》中将水利设施项目分为四类，即水库枢纽项目、堤防项目、水闸项目和泵站项目，并分别规定了用地标准。

广州针对城市防洪除涝工程、堤防、分洪工程、防洪闸、护岸及河道整治、水资源管理等制定了用地标准。上海针对水利水闸和水利泵站制定了用地标准。目前，天津市尚未出台水利设施相关的用地标准。

综合分析《划拨用地目录》、国家标准以及广州和上海地方性标准对水利设施项目的分类，结合天津市实际情况，将天津市水利设施项目分为四类，即水库枢纽项目、堤防项目、水闸项目和泵站项目，每类项目参考国家标准按规模进一步分类。

2. 指标体系确定

根据天津市水利设施项目的实际建设情况和需求，本着简便易用的原则，水库枢纽项目建设用地规模采用单位长度用地指标进行控制；堤防项目建设用地规模采用单位长度用地指标进行控制；水闸项目建设用地规模采用单位宽度用地指标进行控制；泵站项目建设用地规模采用单位机组台数用地指标进行控制。

第二节　天津市水利设施项目建设用地标准的制定

一、用地标准初始值的制定

以国家出台的现行标准为底线，参考广州、上海的水利设施项目建设用地使用标准，结合天津市实际情况，制定水利设施项目建设用地控制指标初始值。

《水利水电工程建设用地设计标准》对各类水利设施项目的建设用地使用标准作出了详细的规定。广州和上海的用地标准仅是对水利设施项目建设的规范，并未明确用地面积指标。相较而言，国家标准的制定考虑了全国各个地方实际用地情况，更加完善且具有全国范围内的普遍适用性。因此，天津市水利设施项目的建设用地控制指标初始值采用国家标准。如表17-1 至表 17-4 所示。

表 17-1　水库枢纽项目建设用地控制指标初始值

项目类型	坝高	单位长度用地指标（hm^2/m）
水库枢纽	>150m	0.30~0.85
	60~150m	0.12~0.40
	≤60m	0.04~0.16

表 17-2　堤防项目建设用地控制指标初始值

项目名称	堤高（m）	单位长度用地指标（hm^2/m）		
		1 级堤防	2 级堤防	3 级堤防
堤防项目	2	2~2.4	1.8~2.2	1.3~1.7
	3	2.6~3.2	2.4~3	1.8~2.4
	4	3.2~4	3~3.8	2.3~3.1
	5	3.8~4.8	3.6~4.6	2.8~3.8
	6	4.4~5.6	4.2~5.4	3.3~4.5
	7	5~6.4	4.8~6.2	3.8~5.2
	8	5.6~7.2	5.4~7	4.3~5.9
	9	6.2~8	6~7.8	4.8~6.6

续表

项目名称	堤高（m）	单位长度用地指标（hm²/m）		
		1 级堤防	2 级堤防	3 级堤防
	10	6.8～8.8	6.6～8.6	5.3～7.3
	11	7.4～9.6	7.2～9.4	5.8～8
	12	8～10.4	7.8～10.2	6.3～8.7
	13	8.6～11.2	8.4～11	6.8～9.4
	14	9.2～12	9～11.8	7.3～10.1
	15	9.8～12.8	9.6～12.6	7.8～10.8

表 17-3　水闸项目建设用地控制指标初始值

项目名称	单位宽度用地指标（hm²/m）
水闸项目	0.035～0.11

表 17-4　泵站项目建设用地控制指标初始值

项目名称	规模	单位用地指标（hm²/台）
水闸项目	大型泵站	1～4
	中型泵站	0.4～1.5

二、案例分析与修正

天津市水利设施项目建设用地控制指标初始值是以国家标准为基础制定而成的。国家标准的制定是在全国范围内搜集了大量实际案例的用地情况，综合分析之后制定的，具有普遍适用性。

搜集天津市水利设施项目案例，对比分析案例中的实际用地情况和控制指标初始值。通过大量的实际案例对比和典型案例分析，考虑天津市水利设施项目实际用地需求和规划发展重点方向，水利设施项目控制指标初始值符合实际，一定程度上能够规范天津市水利设施项目建设，促进土地节约集约利用水平的提升。因此，未进行控制指标初始值修正，控制指标初始值即为天津市水利设施项目建设用地控制指标。

第十八章 天津市新建铁路工程项目建设用地标准的制定

第一节 天津市新建铁路工程项目建设用地标准的制定思路

一、制定思路

天津市新建铁路工程项目分类体系、控制指标体系和控制指标初始值的制定，以国家出台的《划拨用地目录》（中华人民共和国国土资源部令第9号）和《新建铁路工程项目建设用地指标》（建标〔2008〕232号）的相关标准为基础，参考广州、江苏等地出台的有关规定，结合天津市的实际情况和发展需求确定。搜集实际案例，分析项目用地情况，对控制标准初始值进行修正，最终得到既符合天津市实际需求，又能体现节约集约用地理念的新建铁路工程项目建设用地控制指标。

二、体系确定

1. 分类体系确定

天津市新建铁路工程项目的分类体系，主要以国家出台的《划拨用地目录》（中华人民共和国国土资源部令第9号）和《新建铁路工程项目建设用地指标》（建标〔2008〕232号）中对新建铁路工程项目的分类为基础，参考广州市、江苏省等地出台的相关分类标准，同时结合天津市实际发展需求来确定。

《划拨用地目录》中将新建铁路工程项目分为七类，即铁路线路、车站及站场设施；铁路运输生产及维修、养护设施；铁路防洪、防冻、防雪、防风沙设施（含苗圃及植被保护带）、生产防疫、环保、水保设施；铁路给排水、供电、供暖、制冷、节能、专用通信、信号、信息系统设施；铁路轮渡、码头及相应的防风、防浪堤、护岸、栈桥、渡船整备设施；铁路专用物资仓储库（场）；铁路安全守备、消防、战备设施。《新建铁路工程项目建设用地指标》将新建铁路工程项目分为新建客货共线铁路工程和新建客运专线铁路工程两大类，并分别规定了综合用地指标、区间正线建设用地标准、铁路车站建设用地标准等。

广州市针对区间正线、铁路中间站、铁路区段站、编组站、货车站、新建客运专线等制定了用地标准；江苏省针对区间正线、车站等制定了用地标准。目前，天津市尚未出台铁路工程项目相关的用地标准。

综合分析《划拨用地目录》《新建铁路工程项目建设用地指标》以及广州、江苏等地方标准对新建铁路工程项目的分类得知，国家标准对于新建铁路工程项目的分类最为详细、系统。因此，天津市新建铁路工程项目分类体系采用国家标准，分为新建客货共线铁路工程和新建客运专线铁路工程两类。

2. 指标体系确定

根据天津市新建铁路工程项目的实际建设情况和需求，本着简便易用的原则，确定控制指标体系。

新建客货共线铁路综合用地规模采用单位长度用地指标进行控制，区间路基用地和区间桥梁用地规模采用单位长度用地指标进行控制，区间站后相关设施用地规模采用用地规模指标进行控制，车站用地规模采用用地规模指标进行控制。新建客运专线铁路综合用地规模采用单位长度用地指标进行控制，区间路基用地和区间桥梁用地规模均采用单位长度用地指标进行控制，区间给排水设施、牵引变电所、分区所、开闭所、AT所、接触网开关控制站用地规模采用单位用地指标进行控制，车站用地规模采用用地规模指标进行控制，动车段及动车运用所用地规模采用用地规模指标进行控制。

第二节 天津市新建铁路工程项目建设用地标准的制定

一、用地标准初始值的制定

以国家出台的现行标准为底线，参考广州、江苏的新建铁路工程项目建设用地使用标准，结合天津市实际情况，制定新建铁路工程项目建设用地控制指标初始值。

《新建铁路工程项目建设用地指标》对新建客货共线铁路和新建客运专线铁路工程项目的各项建设用地使用标准作出了详细的规定。综合梳理分析国家和广州、江苏等地现行的新建铁路工程项目用地标准，可以发现广州、江苏的用地标准大多是对国家标准的借鉴。相较而言，国家对于新建铁路工程项目建设用地已经形成了比较完善的用地标准体系，国家标准的制定考虑了全国各个地方实际用地情况，具有全国范围内的普遍适用性。因此，天津市新建铁路工程项目建设用地控制指标初始值采用国家标准。

1. 新建客货共线铁路综合建设用地控制指标初始值

新建客货共线铁路综合用地指标主要包括路基、桥梁、隧道、中间站、区段站、机务设备、车辆设备、给水排水设施、通信信号设施、电力及电气化设施、石砟场等用地。未包括编组站、货运站、客运站、货运中心、大型养路机械基地、大功率机车检修基地、大功率机车运用维修段用地，当项目设计中有以上功能项时，应根据相应功能项的单项指标或根据设计计算确定其用地增加数量。新建客货共线铁路综合用地指标以500千米为计算单元编制，综合建设用地指标初始值如表18-1所示。

表 18-1 新建客货共线铁路综合建设用地指标初始值

牵引种类	内燃（hm²/km）			电力（hm²/km）		
	平原	丘陵	山区	平原	丘陵	山区
铁路等级 Ⅰ级 200km/h 双线	5.2034	5.0667	4.6814	5.2693	5.1273	4.7452
Ⅱ级 160km/h 及以下双线	5.2116	5.0697	4.7271	5.2794	5.1426	4.8255
Ⅰ级 160km/h 及以下单线	4.5466	4.5746	4.4441	4.6900	4.7018	4.6174
Ⅱ级 120km/h 及以下单线	4.7615	5.0176	5.1286	4.9050	5.1448	5.3020

注 1：当项目情况与综合指标编制条件不同时，可按具体情况进行调整。

注 2：本指标中未包括编组站、货运站（指大型独立）、客运站、货运中心、大型养路机械基地、大功率机车检修基地、大功率机车运用维修段用地，当设计项目中有以上功能项时，应根据相应功能项的单项指标或根据设计计算确定增加其他用地数量。

注 3：本指标中未含改移道路、改沟改河、改移通信线路、电力线路及设施、改移管线及设施用地、拆迁安置用地、临时用地。

2. 新建客货共线铁路区间正线建设用地控制指标初始值

区间正线用地主要包括：路基、桥梁、隧道及其通风防护设施、大桥及隧道守护营房、线路以及沿线的给水排水设施、变（配）电和供电设施、通信及信号设施、防灾信息设施等。区间正线用地指标分为：区间路基用地（含隧道洞口）、区间桥梁用地、区间站后相关设施用地等指标。

（1）区间路基用地宽度应符合下列条件：

①路堤：排水沟、护道或坡脚矮挡墙边缘外不大于 3 米。

②路堑：天沟外为 2 米；无天沟时，路堑堑顶边缘外为 5 米。

（2）区间路基建设用地指标初始值如表 18-2 所示。

表 18-2 区间路基建设用地指标初始值

铁路等级	地形类型		
	平原（hm²/km）	丘陵（hm²/km）	山区（hm²/km）
Ⅰ级双线（200km/h）	4.8059	5.4850	6.6930
Ⅱ级双线（160km/h 及以下）	4.7859	5.4750	6.6830
Ⅰ级单线（160km/h 及以下）	4.1265	4.8667	5.7048
Ⅱ级单线（120km/h 及以下）	4.1265	4.8667	5.7048

注 4：本指标中已含一般地质条件的隧道洞口用地，特殊地质条件的隧道洞口用地根据具体设计另行增加。

注 5：本指标中未含取弃土（渣）场用地。

注 6：本指标中未含改移道路、改沟改河、改移通信线路、电力线路及设施、改移管线及设施用地、拆迁安置用地、临时用地。

（3）区间桥梁用地范围计算宽度及建设用地控制指标初始值如表18-3所示。

表18-3 一般结构桥梁用地宽度及建设用地指标初始值

铁路等级	I 级铁路			II 级铁路及以下铁路
设计速度目标值	200km/h	160km/h 及以下		120km/h 及以下
正线数目	双线	双线	单线	单线
	线间距 4.4m	线间距 4.2m		
用地宽度（m）	17.400	17.200	13.000	13.000
用地指标（hm²/km）	1.7400	1.7200	1.3000	1.3000
注7：使用本指标时，桥梁长度为一般结构的桥计算长度（两桥台锥体外缘之间长度）。				

（4）区间站后设施包括：区间给排水设施、变（配）电和供电设施、通信、信号设施、防灾信息设施等。区间站后设施建设用地应不大于 0.2667 hm²/km。

3. 新建客货共线铁路车站建设用地控制指标初始值

中间站用地由车场（含客运设备、站房及生产房屋、道路、给排水设施、杆塔）、货场（含房屋、货位及道路等）以及电气化铁路的牵引变电所、接触网工区等构成。

（1）单、双线铁路中间站建设用地指标初始值如表18-4所示。

表18-4 中间站建设用地指标初始值表

地形类型			地形类型（hm²）								
			平原			丘陵			山区		
			车场	货场	用地指标	车场	货场	用地指标	车场	货场	用地指标
单线 160km/h 及以下	小型	内燃	7.0667	—	7.0667	8.0667	—	8.0667	9.0000	—	9.0000
		电力	8.6667	—	8.6667	9.4000	—	9.4000	10.6000	—	10.6000
	大型	内燃	12.4000	3.4667	15.8667	13.0000	4.4000	17.4000	14.4667	5.4000	19.8667
		电力	13.7333	3.4667	17.2000	14.3333	4.4000	18.7333	15.6667	5.4000	21.0667
双线 160km/h 及以下	小型	内燃	9.0000	—	9.0000	10.2667	—	10.2667	12.0000	—	12.0000
		电力	10.6000	—	10.6000	12.0000	—	12.0000	14.0000	—	14.0000
	大型	内燃	15.5333	6.2000	21.7333	16.3333	6.7333	23.0667	17.1333	7.4667	24.6000
		电力	17.0667	6.2000	23.2667	18.0000	6.7333	24.7333	19.000	7.4667	26.4667
双线 200km/h	小型	内燃	10.7333	—	10.7333	12.6667	—	12.6667	14.8667	—	14.8667
		电力	12.4000	—	12.4000	14.0000	—	14.0000	16.0000	—	16.0000
	大型	内燃	17.9333	6.2000	24.1333	18.8667	6.7333	25.6000	20.0000	7.4667	27.4667
		电力	19.3333	6.2000	25.5333	20.2667	6.7333	27.0000	21.3333	7.4667	28.8000

注8：本指标中未含改路、改沟改河、改移通信线路、电力线路及设施、改移管线及设施用地、拆迁安置用地、临时用地。

注9：小型车站用地均未考虑设置大型养路机械停留线，当小型车站需要设置大型养路机械停留线时，其用地数量根据计算确定。

注10：会让站和越行站的用地应按小型中间站的用地指标控制。

注11：当实际情况与本指标计算条件不一致时，根据调整指标规定进行调整。

（2）单、双线区段站建设用地指标初始值如表 18-5 所示。

表 18-5　区段站建设用地指标初始值

项目		类型							
		平原（hm²）				丘陵（hm²）			
		大型		小型		大型		小型	
		内燃	电力	内燃	电力	内燃	电力	内燃	电力
单线	车场	24.8667	24.8667	19.8667	19.8667	26.8667	26.8667	21.5333	21.5333
	货场	13.8000	13.8000	9.6000	9.6000	14.7333	14.7333	10.3333	10.3333
	机务折返段	9.3333	7.3333	5.4000	5.2667	10.1333	8.3333	5.8000	5.6000
	客停站	0.6667	0.6667	—	—	0.6667	0.6667	—	—
	军供用地	0.6000	0.6000	0.6000	0.6000	0.6000	0.6000	0.6000	0.6000
	车务段	1.1333	1.1333	—	—	1.1333	1.1333	—	—
	电化用地	—	4.0000	—	4.0000	—	4.1333	—	4.1333
	用地规模	50.4000	52.4000	35.4667	39.3334	54.1333	56.4667	38.2666	42.1999
双线	车场	36.5333	36.6333	28.4667	28.4667	39.2000	39.2000	30.4667	30.4667
	货场	13.8000	13.8000	13.8000	13.8000	14.7333	14.7333	14.7333	14.7333
	机务折返段	15.2000	13.0667	12.6667	10.5333	16.0000	13.8667	12.9333	10.8000
	客停站	0.8000	0.8000	—	—	0.8000	0.8000	—	—
	军供用地	2.4000	2.4000	—	—	2.4000	2.4000	—	—
	车务段	1.1333	1.1333	—	—	1.1333	1.1333	—	—
	电化用地	—	4.2000	—	4.2000	—	4.2667	—	4.2667
	用地规模	69.8666	72.0333	54.9334	57.0000	74.2666	76.4000	58.1333	60.2667

注 12：本指标中未含改路、改沟改河、改移通信线路、电力线路及设施、改移管线及设施用地、拆迁安置用地、临时用地。

注 13：本指标中各单元用地内容均已包括该项目相应的设备用地及平面布置中的辅助用地。

注 14：当实际情况与本指标计算条件不一致时，根据调整指标规定进行调整。

（3）计算编组站用地指标采用的条件。

进出站线路平面布置，一级三场编组站按双线与单线引入疏解，并考虑折角车流疏解；三级三场编组站按环到、环发疏解；三级四场编组站按双线与双线引入疏解，并考虑折角车流疏解；三级六场编组站按双线与双线引入疏解。

（4）编组站建设用地指标初始值如表 18-6 所示。

表 18-6　编组站建设用地指标初始值

车站类型	一级三场（hm²）	二级四场（hm²）	三级三场（hm²）	三级四场（hm²）	三级六场（hm²）
车场（到发线有效长度 850m）	56.6667	77.6667	92.0000	108.0000	237.0000
机务段	29.7333	29.7333	29.7333	29.7333	29.7333
车辆段	16.0000	16.0000	16.0000	16.0000	16.0000
工务段	2.5333	2.5333	2.5333	2.5333	2.5333
水电段	1.3333	1.3333	1.3333	1.3333	1.3333

车站类型	一级三场（hm²）	二级四场（hm²）	三级三场（hm²）	三级四场（hm²）	三级六场（hm²）
电务段	2.1333	2.1333	2.1333	2.1333	2.1333
建筑段	2.4000	2.4000	2.4000	2.4000	2.4000
电化用地	4.1333	4.1333	4.1333	4.1333	4.1333
洗刷所	1.6667	1.6667	1.6667	1.6667	1.6667
进出站线路	24.0000	45.0000	62.3333	62.6667	73.0000
用地规模	140.5999	182.5999	214.2665	230.5999	369.9332

注15：本指标中未含改路、改沟改河、改移通信线路、电力线路及设施、改移管线及设施用地、拆迁安置用地、临时用地。

注16：本指标中各单元用地内容均已包括该项目相应的设备用地及平面布置中的辅助用地。

（5）货运站建设用地指标初始值如表18-7所示。

表18-7　货运站建设用地指标初始值

项目	货场运量		
	2.0Mt	5.0Mt	8.0Mt
到发及调车场（hm²）	15.2667	18.0000	20.6667
装卸作业区（hm²）	18.6667	32.0000	46.3333
电化用地（hm²）	1.6667	1.6667	1.6667
用地规模（hm²）	35.6000	51.6667	68.6667

注17：本指标中各单元用地指标，可根据建设项目所确定的站型、设备规模等要求单独查用。

注18：本指标中未含改路、改沟改河、改移通信线路、电力线路及设施、改移管线及设施用地、拆迁安置用地、临时用地。

（6）计算货运中心用地指标均采用横列式布置图型，货运中心到发线有效长度采用1050米；用地指标计算采用的站坪长度为3500米。

（7）货运中心建设用地指标初始值如表18-8所示。

表18-8　货运中心建设用地指标初始值

项目名称	类型	用地规模（hm²）
货运中心	到发场及调车场	19.6667
	集装箱作业区（含箱场）	72.5333
	快运货物作业区	21.3333
	特种货物作业区	20.0000
	综合货物集散作业区	26.0000
	电化用地	1.6667
	用地规模	161.2000

注19：本指标中未含改路、改沟改河、改移通信线路、电力线路及设施、改移管线及设施用地、拆迁安置用地、临时用地。

注20：当货运中心办理集装箱拆装箱作业时，应按设计需求增加拆装箱场用地。

注21：本指标中各单元用地内容均已包括该项目相应的设备用地及平面布置中的辅助用地。

（8）客运站建设用地指标初始值如表 18-9 所示。

表 18-9　客运站建设用地指标初始值

项目	规模		
	4 台 7 线	5 台 9 线	6 台 11 线
客运车场（hm²）	26.6667	31.3333	36.0000
机务折返段（hm²）	12.6667	12.6667	15.2000
客车整备所（hm²）	10.6667	14.6667	24.0000
电化用地（hm²）	1.6667	1.6667	1.6667
用地规模（hm²）	51.6667	60.3334	76.8667

注 22：表中各单元用地指标，可根据建设项目所确定的站型、设备规模等要求单独查用。

注 23：表中未含改路、改沟改河、改移通信线路、电力线路及设施、改移管线及设施用地、拆迁安置用地、临时用地。

4. 新建客货共线铁路建设用地控制指标调整

（1）区间路基面宽度与建设用地指标初始值计算所采用的宽度标准不一致时，应按表 18-10 调整。

表 18-10　区间路基建设用地指标调整值

地形类型	路基面宽度每增减 0.2m 增减用地量（hm²/km）
平原	±0.0210
丘陵	±0.0260
山区	±0.0310

（2）中间站、区段站、货运站、编组站及货运中心的到发线有效长度和站线数量与建设用地指标初始值所采用的标准和规模不一致时，应按表 18-11 调整。

表 18-11　车场建设用地指标调整值

车站类型			地形类型					
			平原（hm²）		丘陵（hm²）		山区（hm²）	
			到发线有效长增减 100m	站线数量增减 1 条	到发线有效长增减 100m	站线数量增减 1 条	到发线有效长增减 100m	站线数量增减 1 条
中间站 160km/h	单线	小型	±0.5000	±0.6667	±0.5667	±0.6667	±0.6667	±0.6667
		大型	±0.6000	±0.6667	±0.6667	±0.6667	±0.8000	±0.6667
	双线	小型	±0.6000	±0.8000	±0.6667	±0.8000	±0.8000	±0.8000
		大型	±0.6667	±0.9333	±0.7333	±0.9333	±0.9000	±0.9333
中间站 200km/h	双线	小型	±0.6000	±0.9333	±0.6667	±0.9333	±0.8000	±0.9333
		大型	±0.6667	±1.2000	±0.7333	±1.2000	±0.9000	±1.2000
区段站	单线	小型	±0.9333	±0.6667	±1.0000	±0.6667	—	—
		大型	±1.0000	±0.6667	±1.0667	±0.6667	—	—
	双线	小型	±1.2667	±0.6667	±1.3333	±0.6667	—	—
		大型	±1.4000	±0.6667	±1.4667	±0.6667	—	—

续表

车站类型		地形类型					
		平原（hm²）		丘陵（hm²）		山区（hm²）	
		到发线有效长增减100m	站线数量增减1条	到发线有效长增减100m	站线数量增减1条	到发线有效长增减100m	站线数量增减1条
编组站	一级三场	±3.3600	±0.6667	—	—	—	—
	二级四场	±4.6267	±0.6667	—	—	—	—
	三级三场	±4.7133	±0.6667	—	—	—	—
	三级四场	±5.1733	±0.6667	—	—	—	—
	三级六场	±9.4266	±0.6667	—	—	—	—
货运站	到发线及调车线 2.0Mt	±0.5667	±0.6667	—	—	—	—
	到发线及调车线 5.0Mt	±0.6667	±0.6667	—	—	—	—
	到发线及调车线 8.0Mt	±0.7667	±0.6667	—	—	—	—
	装卸线 2.0Mt	±1.5667	±9.0667	—	—	—	—
	装卸线 5.0Mt	±2.5333	±9.0667	—	—	—	—
	装卸线 8.0Mt	±3.5667	±9.0667	—	—	—	—
货运中心	到发线及调车线	±0.9000	±0.8000	—	—	—	—
	装卸线（对）	±4.5333	±10.0000	—	—	—	—

（3）中间站、区段站的货场规模与建设用地指标初始值所采用的规模不一致时，应按表18-12调整。

表 18-12　货场建设用地指标调整值

地形类型	规模		货物线每增减1条（有效作业长度为200m）
	货物线有效作业长度每增减100m		
	1条	2条	
平原（hm²）	±0.9333	±1.1333	±2.2667
丘陵（hm²）	±1.1333	±1.6667	±2.5333
山区（hm²）	±1.1333	±2.0000	±2.8667

（4）客货共线铁路的桥梁、隧道计算长度比重与建设用地指标所采用标准不一致时，其综合建设用地指标应按表18-13调整。

表 18-13　综合建设用地指标调整值

速度目标值	桥梁计算长度比重每增减2%（hm²/km）			隧道计算长度比重每增减2%（hm²/km）		
	平原	丘陵	山区	平原	丘陵	山区
Ⅰ级双线（200km/h）	±0.0604	±0.0696	±0.0900	—	±0.1042	±0.1241

速度目标值	桥梁计算长度比重每增减 2%（hm²/km）			隧道计算长度比重每增减 2%（hm²/km）		
	平原	丘陵	山区	平原	丘陵	山区
Ⅱ级双线 （160km/h 及以下）	±0.0615	±0.0711	±0.0923	—	±0.1060	±0.1268
Ⅰ级单线 （160km/h 及以下）	±0.0537	±0.0643	±0.0765	—	±0.0892	±0.1006
Ⅱ级单线 （120km/h 及以下）	±0.0537	±0.0643	±0.0765	—	±0.0892	±0.1006

5. 新建客运专线铁路综合建设用地指标

新建客货共线铁路综合用地指标主要包括路基、桥梁、隧道、车站、动车运用所、区间给水排水、通信信号设施、电力及电气化设施、石砟场等。

新建客运专线铁路综合用地指标以 500 千米为计算单元编制，综合建设用地指标初始值如表 18-14 所示。

表 18-14　新建客运专线铁路综合建设用地指标

牵引种类		电力		
地形类型		平原（hm²/km）	丘陵（hm²/km）	山区（hm²/km）
设计速度	300＜v≤350	5.2473	6.7718	7.2086
	200＜v≤250	5.9153	8.4452	8.6478

注 24：当项目具体情况与综合指标编制条件不同时，可根据具体情况调整。

注 25：本指标中未包括动车段用地，当项目有该功能项时，其用地按相应的单项指标增加用地。

注 26：本指标中未含改移道路、改沟改河、改移通信线路、电力线路及设施、改移管线及设施用地、拆迁安置用地、临时用地。

6. 新建客运专线铁路区间正线建设用地指标初始值

区间正线用地主要包括路基、桥梁（含长大桥紧急疏散区）、隧道及通风设施、防护设施、线路所、大桥及隧道守护营房、区间给排水设施、变（配）电和供电设施、通信、信号设施、防灾信息设施等用地。区间路基分为一般路基和特殊路基，本指标初始值为区间一般路基用地指标初始值。区间路基用地主要由路堤（路堑）、护道、排水沟（天沟）、信号设施等用地组成。

（1）区间路基用地宽度应符合下列条件：

①路堤：排水沟、护道或坡脚矮挡墙边缘外不大于 3 米。

②路堑：天沟外为 2 米；无天沟时，路堑堑顶边缘外为 5 米。

③特殊地段应根据路基稳定与防护工程需要计算确定用地宽度。

（2）区间路基建设用地指标初始值如表 18-15 所示。

表 18-15 区间路基建设用地指标初始值

路基面宽度（m）	地形条件	路基平均填挖高（m）					
		h≤5	5<h≤6	6<h≤7	7<h≤8	8<h≤10	h≤15
13.2m（v=200km/h）	平原（hm²/km）	5.1200	5.3333	6.0792	6.4537	—	—
	丘陵（hm²/km）	6.8860	7.2050	7.7860	8.5690	9.8890	—
	山区（hm²/km）	8.7650	9.2500	9.7900	10.0000	10.6350	12.0600
13.4m（200<v≤250km/h）	平原（hm²/km）	5.1590	5.4800	6.1826	6.4751	—	—
	丘陵（hm²/km）	7.4030	8.0740	8.3930	8.7120	9.9220	—
	山区（hm²/km）	9.0650	9.8500	10.0650	10.2750	10.9050	12.5400
13.8m（300<v≤350km/h）	平原（hm²/km）	5.2018	5.5523	6.2540	6.5179	—	—
	丘陵（hm²/km）	7.4470	8.1180	8.4370	8.7670	9.9990	—
	山区（hm²/km）	9.1450	9.8950	10.1100	10.3200	10.9500	12.5850

注 27：当项目实际设计的路基面宽度与区间正线路基面宽度表不一致时，用地数量可进行调整。
注 28：本指标中未含改移道路、改沟改河、改移通信线路、电力线路及设施、改移管线及设施用地、拆迁安置用地、临时用地。

（3）区间桥梁用地宽度：

①单线铁路一般结构桥梁（两桥台锥体外缘之间不含跨水域部分）的用地范围为：桥下设检查通道一侧距铁路中心线 7.2 米，另一侧距铁路中心线 5.8 米；双线和多线另增加线间距。

②特殊地质条件、特殊结构、大跨度桥梁以及山区铁路桥梁、地面横坡较大地段的桥梁用地宽度根据设计确定。

③设置桥梁守护营房、桥梁紧急疏散设施时，可适当增加用地面积。

（4）双线铁路一般结构桥梁建设用地指标初始值如表 18-16 所示。

表 18-16 双线铁路一般结构桥梁建设用地指标初始值

设计速度（km/h）	线间距（m）	单位用地指标（hm²/km）
v=200	4.4	1.7400
200<v≤250	4.6	1.7600
300<v≤350	5.0	1.8000

注 29：使用本指标时，桥梁长度为一般结构的桥梁用地计算长度（两桥台锥体外缘之间的长度）。
注 30：计算桥梁用地时，应扣除跨水域部分的桥梁长度。

（5）当区间设置利用地下水源的给水所、加压泵站、净水所、区间立交桥排水泵站（含排水管道井室、排水出口）、消防水池等给排水设施时，其用地指标初始值如表 18-17 所示。

表 18-17 区间给排水设施建设用地指标初始值

项目	单位用地指标（hm²/处）
地下水源给水所	0.1400
加压泵站	0.1400
净水所	0.1400
区间立交桥排水泵站等（含排水管道井室、排水出口）	0.1400
消防水池	0.6250

（6）当区间设置牵引变电所、分区所、开闭所、AT 所、接触网开关控制站时，其用地指标初始值如表 18-18 所示。

表 18-18　牵引变电所、分区所、开闭所、AT 所、接触网开关控制站建设用地指标初始值

项目	单位用地指标（hm²/处）
牵引变电所（含防灾信息接入设备用电）	1.6800
分区所	0.8400
AT 所	0.8400
开闭所	0.4500～0.6000
接触网开关控制站	0.0015～0.0020

（7）当采用架空电力线路时，每千米用地不应超过 0.0200 公顷（指标未包括通道用地）。区间通信基站原则上每 2.5 千米左右设置 1 处。通信基地用地包含基站通信机械室、防灾信息接入设备、电力变电所、铁塔塔基占地等。每处通信基站用地不应大于 0.0450 公顷。因站间距离大于 12 千米而设置的自动闭塞中继站用地，每处用地不应大于 0.0120 公顷。

控制指标初始值中未涉及的沿线线外限高架、测控网基桩、安全保护区基桩、专用道路等设施用地，区间设地表水源的取水设施、净水厂（所）、加压泵站及站外污水处理设施用地，林区架空电力线路通道用地，有疏解线在区间接轨时为管理区间道岔设置的线路所用地，单独设置的综合维修基地（工区）、动车组存放场用地等，应根据具体设计确定。

7. 新建客运专线铁路车站、动车段及动车运用所建设用地指标

车站用地由车场（含旅客站房、客运设备、生产房屋、附属生产房屋、给排水设施、杆塔）、综合维修工区（保养点）、牵引变电所（含分区所、开闭所、AT 所）、变配电设施、道路等结构。

（1）计算车站用地指标采用的条件：

①计算车站用地指标均采用横列式布置图型。

②车站用地的站坪长度按车站到发线有效长度 650 米，咽喉区铺设客运专线 18 号道岔计算。

（2）车站建设用地指标初始值如表 18-19 所示。

（3）动车段及动车运用所用地包括车场、生产房屋、附属生产房屋、各类动车检修和检查库、动车组材料库、给排水设施、杆塔、综合维修基地（工区）、牵引变电所（含分区所、开闭所、AT 所）变配电设施等用地。

表 18-19　车站建设用地指标表初始值

类型		平原（hm²）				丘陵（hm²）			山区（hm²）	
		平均填挖高（m）								
		h≤3m	3m<h≤5m	5m<h≤6m	6m<h≤7m	h≤3m	3m<h≤5m	5m<h≤7m	h≤3m	3m<h≤5m
小型站	2 台 4 线	16.8250	20.1475	22.2400	23.9050	17.2450	21.5525	25.9500	19.8250	23.8325
	2 台 6 线	19.2925	23.3810	25.6785	28.3960	29.4723	35.3810	42.5085	45.4323	54.5210
中型站	3 台 7 线	29.1943	35.5993	39.1843	43.4893	36.7805	44.2018	—	—	—
	4 台 10 线	31.1760	37.5060	41.2710	45.0960	38.3873	46.1685			

续表

类型		平原（hm²）				丘陵（hm²）			山区（hm²）	
		平均填挖高（m）								
		h≤3m	3m<h≤5m	5m<h≤6m	6m<h≤7m	h≤3m	3m<h≤5m	5m<h≤7m	h≤3m	3m<h≤5m
大型站	5台11线	31.5555	37.9358	41.7608	46.0058	—	—	—	—	—
	15台29线	114.4400	137.5625	151.4675	166.7525	—	—	—	—	—
特大型站	16台30线	118.0075	—	—	—	—	—	—	—	—
	22台46线	152.3875	—	—	—	—	—	—	—	—

注31：因地形、地质条件及其他特殊要求等需要可适当增加用地面积。

注32：有关功能区中未涉及的项目用地，应根据具体设计确定。

表中不含站前广场、改路、改沟改河、改移通信线路、电力线路及设施、改移管线及设施用地、拆迁安置用地、临时用地。

（4）动车段及动车运用所建设用地指标初始值如表18-20所示。

表18-20 动车段及动车运用所建设用地指标初始值

类型	平原				
	动车运用所			动车段	
	存车线30条，4条检修库线等		存车线60条，8条检修库线等	存车线70条，24条检修库线等	
平均填挖高（m）	h≤3m	3m<h≤5m	h≤3m	3m<h≤5m	h≤3m
用地规模（hm²）	60.7800	72.9600	78.0000	93.6000	139.8000

注33：表中未含改路、改沟改河、改移通信线路、电力线路及设施、改移管线及设施用地、拆迁安置用地、临时用地。

二、案例分析与修正

天津市新建铁路工程项目建设用地控制指标初始值是以国家标准为基础制定而成的。国家标准的制定是在全国范围内搜集了大量实际案例的用地情况，综合分析之后制定的，具有普遍适用性。

搜集天津市新建铁路工程项目案例，对比分析案例中的实际用地情况和控制指标初始值。通过大量的实际案例对比和典型案例分析，考虑天津市新建铁路工程项目实际用地需求和规划发展重点方向，新建铁路工程项目控制指标初始值符合实际，一定程度上能够规范天津市新建铁路工程项目建设，促进土地节约集约利用水平的提升。因此，未进行控制指标初始值修正，控制指标初始值即为天津市新建铁路工程项目建设用地控制指标。

第十九章 天津市公路项目建设用地控制指标的制定

第一节 天津市公路项目建设用地标准的制定思路

一、制定思路

天津市公路项目分类体系、控制指标体系和控制指标初始值的制定，以国家出台的《公路工程项目建设用地指标》(建标〔2011〕124 号)的相关标准为基础，参考北京、上海、广州、江苏、河北等地出台的有关规定，结合天津市的实际情况和发展需求确定。搜集实际案例，分析项目用地情况，对控制标准初始值进行修正，最终得到既符合天津市实际需求，又能体现节约集约用地理念的公路项目建设用地控制指标。

二、体系确定

1. 分类体系确定

天津市公路项目的分类体系主要以国家出台的《公路工程项目建设用地指标》(建标〔2011〕124 号)的公路项目分类为基础，参考上海、广州、江苏、河北等地的现行分类标准，同时结合天津市实际情况确定。

《公路工程项目建设用地指标》(建标〔2011〕124 号)中将公路所在地区分为Ⅰ类、Ⅱ类、Ⅲ类地形，针对每一类地形细分公路等级和规模。Ⅰ类地形区指地形平坦，无明显起伏，地面自然坡度小于或等于3°的地区；Ⅱ类地形区指起伏不大的丘陵，地面自然坡度为3°(不含3°)~20°(含20°)，相对高差在200米以内的地区；Ⅲ类地形区指地面自然坡度大于20°，相对高差为200~1000米的地区。

上海出台《上海市基础设施用地控制指标》，对城市道路中的快速路、主干路、次干路、支路做出用地宽度指标的控制。广州出台《广州市产业用地指南（2012 年版)》，将公路所在地区分为平原区、微丘区、山岭重丘区，公路类型分为高速公路、一级公路、二级公路、三级公路和四级公路。江苏出台《江苏省公路项目建设用地指标》，将公路所在地区分为平原区和微丘区，公路等级分为高速公路、一级公路、二级公路、三级公路和四级公路。河北出台《河北省主要项目建设用地控制指标（2012 版)》，其中的河北省公路项目建设用地控制指标公路分类体系和国家标准分类相同。

综合分析国家和地方的公路项目分类体系，基本均为按不同地形将公路项目分为高速公路、一级公路、二级公路、三级公路和四级公路。因此，参考国家和地方的分类体系，结合天津市自身发展规划和所处地形确定天津市公路项目分类体系，如表 19-1 所示。

表 19-1　天津市公路工程项目分类体系

公路等级	I类	II类	III类
高速公路	八车道	八车道	——
	六车道	六车道	六车道
	四车道	四车道	四车道
一级公路	六车道	六车道	——
	四车道	四车道	四车道
二级公路	双车道	双车道	双车道
三级公路	双车道	双车道	双车道
四级公路	双车道	双车道	双车道
	——	——	单车道

2. 指标体系确定

本着简单易用、统一规范的原则，参考《公路工程项目建设用地指标》（建标〔2011〕124号）和各地方出台的公路项目建设用地使用标准中所采用的控制指标，高速公路、一级公路、二级公路、三级公路和四级公路建设用地规模采用路基宽度和单位长度用地指标进行控制。

第二节　天津市公路项目建设用地标准的制定

一、用地标准初始值的制定

以国家出台的现行标准为底线，参考北京、上海、广州、江苏、河北的公路项目建设用地使用标准，结合天津市实际情况，制定公路项目建设用地控制指标初始值。

《公路工程项目建设用地指标》对各类地形条件下的各类公路项目建设用地使用标准作出了详细的规定。综合梳理分析国家和北京、上海、广州、江苏、河北的公路项目建设用地使用标准，其中北京、江苏、河北的公路项目用地标准沿用国家标准；上海、广州依据各自发展，仅对城市道路进行标准制定，分为快速路、主干路、次干路、支路。

基于《公路工程项目建设用地指标》中所列的三种地形天津市都有出现，且国家标准经过多地实例验证，具有普遍适用性，因此采用公路工程项目国家标准作为天津市公路项目建设用地控制指标初始值。如表 19-2 至表 19-7 所示。

表 19-2 Ⅰ类地形区高速公路、一级公路项目建设用地指标初始值

公路类型	高速公路								一级公路				
	八车道		六车道			四车道			六车道		四车道		
路基宽度（m）	42	41	34.5	33.5	32	28	26	24.5	33.5	32	26	24.5	23
单位用地指标（hm²/km）	8.6	8.5	7.8	7.7	7.6	7.1	7.0	6.8	6.4	6.3	5.6	5.5	5.3

注1：一级公路路基宽度含中央分隔带。

表 19-3 Ⅱ类地形区高速公路、一级公路项目建设用地指标初始值

公路类型	高速公路								一级公路				
	八车道		六车道			四车道			六车道		四车道		
路基宽度（m）	42	41	34.5	33.5	32	28	26	24.5	33.5	32	26	24.5	23
单位用地指标（hm²/km）	9.3	9.2	8.5	8.4	8.2	7.56	7.4	7.2	7.0	6.8	6.2	6.0	5.8

注2：一级公路路基宽度含中央分隔带。

表 19-4 Ⅲ类地形区高速公路、一级公路项目建设用地指标初始值

参数项	高速公路				一级公路		
	六车道		四车道		四车道		
路基宽度（m）	33.5	32	26	24.5	26	24.5	23
单位用地指标（hm²/km）	8.9	8.8	7.8	7.7	6.8	6.7	6.6

注3：一级公路路基宽度含中央分隔带。

表 19-5 Ⅰ类地形区二、三、四级公路工程项目建设用地指标

公路类型	二级公路		三级公路		四级公路
	双车道		双车道		双车道
路基宽度（m）	12	10	8.5	7.5	6.5
用地标准（hm²/km）	2.8	2.6	2.2	2.1	1.7

表 19-6 Ⅱ类地形区二、三、四级公路工程项目建设用地指标

公路类型	二级公路		三级公路		四级公路
	双车道		双车道		双车道
路基宽度（m）	12	10	8.5	7.5	6.5
用地标准（hm²/km）	3.0	2.8	2.4	2.3	2.0

表 19-7 Ⅲ类地形区二、三、四级公路工程项目建设用地指标

公路类型	二级公路		三级公路		四级公路	
	双车道		双车道		双车道	单车道
路基宽度（m）	12	10	8.5	7.5	6.5	4.5
用地标准（hm²/km）	3.6	3.4	2.6	2.5	2.3	1.9

　　鉴于上海、广州制定的城市道路控制指标对城市公路起到节约集约用地管理作用，天津市国土资源和房屋管理局于 2010 年出台《关于促进区县示范产业园区节约集约用地的通知》，对示范产业园区及开发区公路建设进行了详细规定：主干道控制在双向四车道以内，红线宽

度不超过 30 米；次干道和支路控制在双向二车道以内，红线宽度不超过 20 米和 15 米。因此天津市区县示范产业园及开发区公路建设用地指标应不低于表 19-8 的规定。

表 19-8　天津市区县示范产业园及开发区公路项目建设用地指标

道路类别	单位用地指标（米/公顷）
主干道	22.2
次干道	33.3
支路	44.4

二、案例分析与修正

天津市公路工程项目建设用地控制指标初始值是以国家标准为基础制定而成的。国家标准的制定是在全国范围内搜集了大量实际案例的用地情况，综合分析之后制定的，具有普遍适用性。

搜集天津市公路项目案例，对比分析案例中的实际用地情况和控制指标初始值。通过大量的实际案例对比和典型案例分析，考虑天津市公路项目实际用地需求和规划发展重点方向，公路项目控制指标初始值符合实际，一定程度上能够规范天津市公路项目建设，促进土地节约集约利用水平的提升。因此，未进行控制指标初始值修正，控制指标初始值即为天津市公路项目建设用地控制指标。

第二十章 天津市民用航空运输机场项目建设用地标准的制定

第一节 天津市民用航空运输机场项目建设用地标准的制定思路

一、制定思路

《天津市民用航空运输机场项目建设用地标准》的制定，重点参照国家出台的《民用航空运输机场工程项目建设用地指标》（建标〔2011〕157 号），以及广州、江苏、河北等地现行民用航空运输机场工程项目用地标准，结合天津市实际情况，在确定天津市未来民用航空运输机场工程项目发展重点的基础上，制定符合天津市发展规划的民用航空运输机场工程项目的分类体系和指标体系，并以国家标准为底线，制定民用航空运输机场工程项目建设用地使用标准初始值，根据天津市实际案例用地情况对初始值进行修正后，最终制定符合天津市发展需要的民用航空运输机场工程项目建设用地标准。

二、体系确定

1. 分类体系确定

在分析国家现行民用航空运输工程项目用地标准和各地现行用地标准的基础上，以国家出台的《民用航空运输机场工程项目建设用地指标》（建标〔2011〕157 号）以及江苏、广州、河北等地出台的建设用地标准中所列的民用航空运输机场工程项目为参考，结合天津市的经济发展及各区县"十二五"规划、民用航空运输机场工程项目相关规划、计划资料以及发展状况，确定符合天津市发展规划的民用航空运输机场工程项目的分类体系，主要包括飞行区建设、通信导航设施建设、航站区建设、货运区建设、机务维修区建设、供油区建设六部分。

2. 指标体系确定

本着实用、统一的原则，以国家出台的《民用航空运输机场工程项目建设用地指标》（建标〔2011〕157 号）和各地出台的民用航空运输机场工程项目建设用地控制标准中所采用的控制指标为参考，天津市采用国家民用航空运输机场工程项目提供的控制指标体系，便于与各地民航系统监管的衔接与管理。

第二节　天津市民用航空运输机场项目建设用地标准的制定

一、用地标准初始值的制定

国家出台的《民用航空运输机场工程项目建设用地指标》（建标〔2011〕157 号），通过全国实例验证、支持，具有全国范围内的普遍适用性，符合天津市用地标准。因此，天津市结合自身发展需要及项目要求，按照国家标准制定《天津市民用航空运输机场工程项目建设用地使用标准》确定用地标准的初始值，主要包括飞行区建设用地标准，通信导航设施建设用地标准，航站区、货运区、机务维修区建设用地标准，供油设施建设用地标准，场外道路、管线及其他设施建设用地标准五个部分。

1. 飞行区建设用地标准

（1）单条跑道的升降带及其附属设施，含跑道、停止道、跑道端安全地区、寻常路、围栏（界）等。其建设用地应符合表 20-1 的规定。

表 20-1　单条跑道升降带建设用地指标

跑道长度（m）	升降带用地面积（hm²）
1600	71.40
1800	78.20
2000	85.00
2200	91.80
2400	96.80
2600	105.40
2800	112.20
3000	119.00
3200	125.80
3400	132.60
3600	139.40
3800	146.20
4000	153.00
4200	159.80

（2）两条近距离跑道的升降带及其附属设施的建设用地应符合表 20-2 的规定。

表 20-2　两条近距跑道升降带建设用地指标

单位：hm²

跑道长度（m）	跑道间距 760（m）	跑道间距 400（m）
3000	364.00	256.00
3200	386.00	270.80

跑道长度（m）	跑道间距 760（m）	跑道间距 400（m）
3400	408.00	285.60
3600	430.00	300.40
3800	452.00	315.20
4000	474.00	330.00
4200	496.00	344.80

（3）设有一条平行滑行道的飞行区，应按表20-3增加其用地面积。

表20-3 平行滑行道建设用地指标

单位：hm²

跑道长度（m）	跑滑间距				
	168	176	182.5	190	200
1600	5.64				
1800	6.32				
2000	7.00	11.77			
2200	7.68	12.90			
2400	8.36	14.03	17.45		
2600	9.04	15.16	18.85		
2800	9.72	16.29	20.25	25.43	28.38
3000		17.42	21.65	27.18	30.33
3200		18.55	23.05	28.93	32.28
3400			24.45	30.68	34.23
3600			25.85	32.43	36.18
3800			27.25	34.18	38.13
4000			28.65	35.93	40.08
4200			30.05	37.68	42.03

（4）设有第二条平行滑行道的飞行区，应按表20-4增加其用地面积。

表20-4 第二条平行滑行道建设用地指标

单位：hm²

跑道长度（m）	平行滑行道间距			
	44	66.5	80	100
1600	7.30			
1800	8.18			
2000	9.06	13.86		
2200	9.94	15.19		
2400	10.82	16.52	19.94	
2600	11.70	17.85	21.54	
2800	12.85	19.18	23.14	29.10

续表

跑道长度（m）	平行滑行道间距			
	44	66.5	80	100
3000		20.51	24.74	31.10
3200		21.84	26.34	33.10
3400			27.94	35.10
3600			29.54	37.10
3800			31.14	39.10
4000			32.74	41.10
4200			34.34	43.10

（5）助航灯光设施用地（包括维修道路在内），在升降带两端的用地指标应符合表 20-5。

表 20-5　助航灯光设施建设用地指标

助航灯光系统类别	用地指标（hm²）
简易及中光强进近灯光系统	0.72
一、二、三类精密进近灯光系统	2.18

2. 通信导航设施建设用地标准

（1）仪表着陆系统包括航向台和下滑台，其保护区用地指标应符合下列规定：

①航向台：当航向台建在跑道端 320 米处时，其保护区用地面积不应超过 20000 平方米；当距离超过 320 米时，每增加 1 米，其保护区用地面积增加 150 平方米；每减少 1 米，其保护区用地面积应减少 150 平方米。

②下滑台：当下滑台设在跑道和滑行道之间时，不另计保护区用地面积。当设在距离跑道中心线 120 米时，保护区用地面积为飞行区原有用地范围外增加的面积，其用地指标不应超过 28000 平方米；当距跑道中心线超过 120 米时，每超过 1 米，其保护区用地面积增加 400 平方米。

（2）近距归航台（NDB）宜与指点标台合建，其用地面积不应超过 4000 平方米。

（3）远距归航台（NDB）宜与外指点标台（OM）合建，其用地面积不应超过 5000 平方米。当外指点标台单建且天线置于地面时，其用地面积不应超过 300 平方米；天线置于机房顶时，其用地面积不应超过 270 平方米。

（4）航线归航台（NDB）用地面积不应超过 5000 平方米。

（5）多卜勒全向信标/测距仪台，包括机场内多卜勒全向信标/测距仪台和机场外多卜勒全向信标/测距仪台。

机场内多卜勒全向信标/测距仪台用地面积不应超过 3000 平方米，台站周围应设置直径为 300 米的保护区。

机场外多卜勒全向信标/测距仪台用地面积不应超过 5150 平方米，台站周围应设置直径为 300 米的保护区。保护区用地属于控制用地，根据控制力度决定是否征用。

当场外多卜勒全向信标/测距仪台与航线归航台合建时，其用地面积不应超过 8000 平方米。

（6）着陆雷达站应建在机场内，其用地面积不另计算。

（7）航管一/二次雷达站建于机场内时，其用地面积不应超过 3600 平方米；建于机场外时，其用地面积不应超过 2000 平方米。

（8）气象雷达站建于场外时，其用地面积不应超过 3600 平方米；当建于场内时，其用地面积不应超过 2000 平方米。

（9）甚高频转播台单建时，其用地面积不应超过 1500 平方米；当与其他台合建时，其用地面积不应超过 800 平方米。

（10）无线电短波发射台采用四波道时，其用地面积不应超过 3000 平方米；每增加一个波道，相应增加用地面积不应超过 200 平方米。天线场地用地面积不应超过 4000 平方米/付；采用四付以上天线时，其用地面积应按 85% 计算。

（11）甚高频共用通信系统包括集中发信台和集中收信台。当甚高频共用通信系统在机场外单建时，其用地面积不应超过 3000 平方米；当在机场内与航管或通信综合楼合建时，其用地面积不另计算。

（12）集群移动通信系统中心站建在机场外时，其用地面积不应超过 3000 平方米；建在机场内时，应与其他建筑合建，当与机场内航管楼、通信楼合建时，不再另增加用地指标。

（13）卫星地球站在机场外单建时，其用地面积不应超过 2000 平方米；当与其他建筑合建时，其用地面积不应超过 1000 平方米。当卫星地球站建在机场内时，其用地面积不应超过 800 平方米。卫星天线置于地面时，其增加的用地面积不应超过 1000 平方米。

（14）电话站单建时，其用地面积不应超过 5000 平方米；当与其他建筑合建时，其用地面积不应超过 2000 平方米。

3. 航站区、货运区、机务维修区建设用地标准

（1）航站区布局应进行多方案比选，在满足功能要求的同时，重视节约用地。航站区建设用地面积应符合表 20-6 的规定。

表 20-6 航站区建设用地指标

序号	年旅客吞吐量（万人次）	航站区建设用地指标（hm^2）		
		空侧	陆侧	
		机坪区	航站楼区	综合保障设施区
1	30 以下	5.20	4.00	6.00
2	30～50	5.20～7.10	4.00～6.00	6.00～8.00
3	50～100	7.10～11.00	6.00～10.00	8.00～12.50
4	100～200	11.00～23.50	10.00～17.50	12.50～18.50
5	200～500	23.50～38.50	17.50～30.00	18.50～28.00
6	500～1500	38.50～57.00	30.00～50.00	28.00～35.00
7	1500～3000	57.00～120.00	50.00～120.00	35.00～60.00
8	3000～4000	120.00～143.00	120.00～160.00	60.00～65.00

注：①序号 7 表示两条近距离跑道年旅客吞吐量；序号 8 表示两条远距离跑道年旅客吞吐量。②年旅客吞吐量 4000 万人次以上按设计方案专门计算用地。

（2）机场的货运区一般由货机坪区、货站区及停车场组成。其建设用地指标应符合表 20-7 的规定。

表 20-7　货运区建设用地指标

项目名称	规模		用地指标（hm²）	
	年货邮吞吐量（万吨）	货机位（个）	货机坪区	货站区
货运区	10 以下			3.00～4.00
	10～20	2～5	2.00～5.00	4.00～7.00
	20～30	5～7	5.00～7.00	7.00～10.00
	30～50	7～12	7.00～12.00	10.00～17.00
	50～100	12～24	12.00～24.00	17.00～27.00
	100～200	24～36	24.00～36.00	27.00～51.00
	200～300	36～50	36.00～50.00	51.00～72.00

注：停车场用地包含在货站区用地指标内。

（3）机务维修区根据机场驻机场队、本场过往航班、机务维修工程的等级和管理要求确定。其建设用地指标应符合表 20-8 的规定。

表 20-8　机务维修区建设用地指标

单位：hm²

年旅客吞吐量（万人次）	维修机坪区	机务维修区
50 以下	0.10～0.50	0.30～0.50
50～100	0.50～1.00	0.50～1.00
100～200	1.00～1.50	1.00～2.50
200～500	1.50～2.50	2.50～5.00
500～1500	2.50～6.00	5.00～20.00
1500～3000	6.00～15.0	20.00～60.00

注：规模在 50 万人次以下的机场的机务维修建设用地，一般有专用的维修机坪，应用"维修机坪区"指标计算，"机务维修区"按机场具体功能需求综合考虑。

4. 供油设施建设用地标准

机场油库区建设用地面积不应超过表 20-9 的规定。

表 20-9　油库区建设用地指标

油库储量（m³）	用地指标（hm²）
500	1.60
2500	3.00
10000	5.40
50000	10.00
100000	15.00
300000	25.00

注：①不同油库储量可用插入法计算。②油库铁路专用线用地按国家现行的铁路建设用地指标计算。③场外的铁路卸油站、水路卸油码头等因情况各异，按相关标准并结合实际情况计算。

5. 场外道路、管线及其他设施建设用地标准

（1）机场进场路（场外部分）和通往场外的油库区及通信导航设施区的道路用地应符合

国家现行的有关公路建设用地指标。

（2）场外供电线路、有线通信线路、场外管线、排水、沟渠、输油管线及其他设施按相关标准并结合实际情况计算用地面积。

二、案例分析与修正

本标准以国家标准为天津市民用航空运输机场工程项目建设用地使用标准的初始值。区别于水、路交通运输方式，民用航空项目用地在我市分布相对少而集中，国家标准在制定时充分参考了全国各地区民用航空项目实际案例的用地情况，并在综合分析的基础上形成了最终的国家标准，符合天津市实际用地情况。故本标准制定时未对初始值进行修正，初始值即为天津市民用航空运输机场工程项目建设用地使用标准最终值。

第二十一章　天津市特殊用地项目建设用地标准的制定

第一节　天津市特殊用地项目建设用地标准的制定思路

一、制定思路

《天津市特殊用地项目建设用地标准》的制定，重点参照国家出台的《划拨用地目录》(中华人民共和国国土资源部令第 9 号)、《看守所建设标准》(建标〔2002〕245 号)、《强制戒毒所建设标准》(建标〔2005〕188 号)、《拘留所建设标准》(建标〔2008〕50 号)、《监狱建设标准》(建标〔2010〕144 号)，以及江苏、陕西等地出台的相关标准中所列的特殊用地项目，结合天津市实际情况，在确定天津市未来几年特殊用地项目发展重点的基础上，制定符合天津市发展规划的特殊用地项目的分类体系和指标体系，并以国家标准为底线，制定特殊用地项目建设用地使用标准初始值，根据天津市实际案例的用地情况修正后，最终制定符合天津市发展需要的特殊用地项目建设用地标准。

二、体系确定

1. 分类体系确定

天津市以《划拨用地目录》中的分类方式为基础，参考国家以及江苏、陕西等地的分类方式，结合天津市发展规划，确定特殊用地分类体系，即监狱项目、拘留所项目、看守所项目、强制隔离戒毒所项目四类项目。

2. 指标体系确定

本着简便易用的原则，天津市采用单位用地面积或用地规模（总用地面积）对特殊用地项目建设用地进行控制。控制指标简单明了，易于政府部门和用地单位使用。

第二节 天津市特殊用地项目建设用地标准的制定

一、用地标准初始值的制定

1. 制定监狱项目建设用地使用标准初始值

全面梳理分析国家以及陕西、江苏等地现行的监狱项目用地标准可知，国家标准给出的是建筑面积，未给出容积率指标，不能计算占地面积，故不予以借鉴。江苏省监狱项目人均用地标准比陕西省少10平方米，江苏省监狱项目用地标准比陕西省严格。考虑到天津市以及江苏、陕西的土地等别以及现阶段经济社会发展情况，确定天津市监狱项目建设用地使用标准的初始值，如表21-1所示。

表21-1 监狱项目建设用地使用标准初始值

类型	罪犯人数（人）	单位用地指标（平方米/人）
小型监狱	1000～2000	75～85
中型监狱	2001～3000	65～75
大型监狱	3001～5000	55～65

2. 制定拘留所项目建设用地使用标准初始值

根据《拘留所建设标准》中规定的单位建筑面积和容积率，计算得到单位用地面积，以此作为天津市拘留所项目建设用地使用标准的初始值，如表21-2所示。

表21-2 国家级拘留所项目建设用地使用标准

类型	建设规模（人）	单位用地标准（平方米/人）
特大型	>300	21.39
大型	150～300	22.73
中型	50～149	24.46
小型	<50	25.02

3. 制定看守所项目建设用地使用标准初始值

天津市以《看守所建设标准》中规定的看守所项目单位用地面积作为看守所项目建设用地使用标准初始值，如表21-3所示。

表21-3 国家级看守所项目建设用地使用标准

项目名称	200人	500人	1000人
单位用地指标（平方米/被羁押人）	77.60	71.65	68.55

4. 制定强制隔离戒毒所建设用地使用标准初始值

强制隔离戒毒所项目的用地标准，各地尚未出台，仅国家出台了《强制隔离戒毒所建设标准》。根据《强制隔离戒毒所建设标准》中规定的强制隔离戒毒所项目的建筑面积和容积率计算得到用地面积，天津市以此作为强制隔离戒毒所建设用地使用标准初始值，如表 21-4 所示。

表 21-4　国家级强制隔离戒毒所项目建设用地使用标准

类别		收治规模	单位用地指标（平方米/人）
公安机关强制隔离戒毒所	小型	200～400 人	30.88～38.61
	中型	401～800 人	30.63～38.36
	大型	800 人以上	30.57～38.30
司法机关强制隔离戒毒所	小型	300～800 人	75
	中型	801～1500 人	75
	大型	1500 人以上	75

二、案例分析与修正

监狱项目使用标准初始值符合天津市实际情况，故不再对其进行案例分析及修正；拘留所、看守所和强制戒毒所的用地标准初始值采用的是国家标准，国家标准具有普遍适用性，目前全国各地均按照国家标准进行控制，天津市也不例外，故不再对拘留所、看守所和强制戒毒所建设用地使用标准初始值进行修正，初始值即为天津市特殊用地项目建设用地标准的最终值。

第二十二章 天津市墓葬项目建设用地标准的制定

第一节 天津市墓葬项目建设用地标准的制定思路

一、制定思路

《天津市墓葬项目建设用地标准》的制定，以墓葬项目常规的分类方式和各地方出台的建设用地控制标准中墓葬项目的分类方式为参考，结合天津市实际情况，在确定天津市未来几年墓葬项目建设重点的基础上，确定符合天津市发展规划的墓葬项目分类体系和指标体系，并以国家标准为底线，制定墓葬项目建设用地使用标准初始值，根据实际案例对标准初始值进行修正，最终制定符合天津市发展需要的墓葬项目用地标准。

二、体系确定

1. 分类体系确定

天津市墓葬项目建设用地标准以墓葬项目常规的分类方式和各地出台的建设用地控制标准中墓葬项目的分类方式为参考，进行分类体系的确定。《天津市殡葬管理条例实施办法》以及江西、辽宁、河北和广州建设用地使用标准对墓葬项目的分类方式各有异同，普遍存在着按照行政区级别划分和按照墓葬项目种类划分两类方式，河北在按照行政区级别划分的基础上，按照区域人口进行了细化，能够更好地为墓葬项目节约集约利用提供建设标准，但标准实际应用难度较大。结合天津市实际墓葬项目普遍为公益性墓地和公益性骨灰堂两类，最终确定分类方式如表 22-1 所示。

表 22-1 墓葬项目用地标准分类表

	类别	
区县级	公益性墓地	
	公益性骨灰堂	
乡镇村级	公益性墓地	
	公益性骨灰堂	

2. 指标体系确定

《天津市殡葬管理条例实施办法》对乡镇村级公益性墓地和区县级公益性墓地的用地规

模，以及每个墓穴的占地面积分别进行了规定；《江西省建设用地控制指标（2011 年版）》《江苏省建设用地指标（2010 年版）》中规定了公墓和骨灰堂的单位用地指标和绿地率；《辽宁省城市基础设施、公益事业建设项目用地控制指标（试行）》对市级和县级经营性公墓的用地规模进行了指标控制；《河北省主要项目建设用地控制指标（2012 版）》（墓葬项目部分）严格规定了设区市级、区县级殡仪馆的用地规模和墓地的单位用地指标；《广州市产业用地指南（2012 年版）》分别对殡仪馆、经营性公墓、骨灰堂、安放地的用地规模和单位用地面积进行了指标控制。

综合以上各地墓葬项目建设用地控制指标体系，将天津市墓葬项目建设用地控制指标体系分为用地规模和单位用地规模两个指标。

第二节　天津市墓葬项目建设用地标准的制定

一、用地标准初始值的制定

天津、江西、辽宁、江苏、河北和广州分别针对墓葬项目建设用地标准的用地总规模和单位用地规模进行了约定，根据建立的天津市墓葬项目建设用地标准控制指标体系，择取天津以及各地标准如表 22-2 和表 22-3 所示。

表 22-2　墓葬项目单位用地规模现行标准汇总表

项目类型	行政区	单位用地面积（平方米/穴）
公益性墓地	天津	≤1
	江西	≤2.8
	江苏	≤2.8
	河北	≤1
	广州	≤1
公益性骨灰堂	江西	≤0.33
	江苏	≤0.33
	广州	≤0.8

表 22-3　墓葬项目用地规模现行标准汇总表

项目类型	行政区	用地规模（平方米）
区县级	天津	≤335000
	辽宁	≤660000（市级）
	河北	40000~260000
乡镇村级	天津	≤7000
	辽宁	≤20000（区县级）
	河北	20000~96667

从表 22-3 可以看出，天津市规定乡镇村公益性墓地用地面积不得超过 7000 平方米，区

县公益性墓地用地面积不得超过 335000 平方米，每个墓穴占地面积不得超过 1 平方米。

辽宁用地面积控制规模比天津大很多，这是由其行政区划级别与天津市行政区划级别的差异造成的。

河北规定了墓葬项目用地规模最小控制规模，并给出了最大允许范围，分别是市级 40000 平方米到 260000 平方米之间，县级 20000 平方米到 96667 平方米之间，天津市用地标准在以上范围内。

天津、河北和广州关于公墓单位用地的标准较江西和江苏来说较严格；江苏、江西骨灰堂单位用地标准比广州市严格。

综合以上分析，为实现墓葬用地节约集约利用，结合天津市市级墓葬项目建设需求和发展规划，制定墓葬项目建设用地使用标准初始值如表 22-4 所示。

表 22-4　墓葬项目单位用地控制标准初始值

类别		用地规模	单位用地
		平方米	平方米/穴
区县级	公益性墓地	335000	≤1
	公益性骨灰堂	—	≤0.33
乡镇村级	公益性墓地	35000	≤1
	公益性骨灰堂	—	≤0.33

注：公益性骨灰堂用地规模可由其最终确定的数量及所覆盖范围，结合单位用地指标确定。

二、案例分析与修正

为确保标准的科学性与可行性，对天津市墓葬项目建设用地的实际情况进行了调查梳理，并与本标准进行对比，以天津永安公墓、东华林公墓、北辰双口镇公益性骨灰堂等案例为例，通过对比可知，天津永安公墓和东华林公墓的用地规模均在用地标准初始值控制范围内，单位用地面积在对应的单位用地标准初始值上下浮动；双口镇骨灰堂单位用地面积低于天津市用地标准初始值控制标准 0.33 平方米/穴，可见此标准符合天津市实际用地情况，可行性较强。故不再对其进行初始值修正，初始值即为天津市墓葬项目建设用地标准的最终值。

第二十三章　天津市河港码头工程项目建设用地标准的制定

第一节　天津市河港码头工程项目建设用地标准的制定思路

一、制定思路

《天津市河港码头工程项目建设用地标准》的制定，以国家出台的《海港通用码头建设标准》（建标〔1996〕188号）以及江苏、广州等地出台的建设用地标准中所列的港口建设项目为参考，结合天津市实际情况，在确定天津市未来几年海港码头项目发展重点的基础上，确定符合天津市发展规划的海港码头项目建设用地分类体系和指标体系，并以国家标准为底线，制定海港码头项目建设用地使用标准初始值，根据天津市实际案例用地情况修正初始值，最终制定符合天津市发展需要的海港码头项目的河港码头工程项目建设用地标准。

二、体系确定

1. 分类体系确定

国家出台的《海港通用码头建设标准》，以及河北省港口建设用地使用标准是根据港口设计年吞吐量进行类别划分，广州和江苏省则是根据港口货物种类以及泊位等级对海港进行分类。天津市根据现有和在建海港实际情况，对比分析以海港货物种类和泊位等级进行海港分类，更简洁、清晰地对项目建设用地进行控制。

通过分析天津市海港实际吞吐量、用地规模、供需泊位等级，本标准海港码头项目分类如表23-1所示。

表23-1　海港码头项目分类

港口（码头）分类	泊位等级（万吨）
集装箱	1~2.5
	≤1
件杂货	1~2.5
	≤1
散货	1~2.5
	≤1
原油化工	1~2.5
	≤1

2. 指标体系确定

本着简便易用的原则，本指标采用每个通用泊位用地面积对海港码头项目建设用地进行控制。

第二节　天津市河港码头工程项目建设用地标准的制定

一、用地标准初始值的制定

参考国家出台的《海港通用码头建设标准》，根据吞吐量控制海港建设用地面积，对比分析广州、江苏现行港口建设用地标准，各地海港建设用地使用标准汇总如表 23-2 所示。

表 23-2　各地海港码头项目建设用地使用标准汇总

港口（码头）分类	泊位等级（万吨）	单位用地指标（公顷/泊位）	
		广州	江苏
集装箱	>10	48	45
	5～10	38～48	38.2～45
	2.5～5	20～38	23.8～38.2
	1～2.5	15～20	19.1～23.8
件杂货	>10	50	32.5
	5～10	36～50	29.3～32.5
	2.5～5	20～36	21.6～29.3
	1～2.5	18～20	19.5～21.6
散货	>10	50	32.5
	5～10	36～50	29.3～32.5
	2.5～5	19～36	21.3～29.3
	1～2.5	16～19	17.7～21.3
原油化工	>10	30	32.1
	5～10	29～30	29.8～31.1
	2.5～5	20～29	21.3～29.8
	1～2.5	16～20	17～21.3

从表 23-2 可以看出：江苏除原油化工的用地标准比广州宽松外，其余标准均比广州严格。广州和江苏对于河港码头项目的建设用地使用标准相对比较成熟，天津市的土地等别介于广州和江苏之间，所以取广州和江苏的各项指标的均值作为天津市河港码头项目建设用地使用标准的初始值，如表 23-3 所示。

表 23-3　河港码头项目建设用地使用标准初始值

港口（码头）分类	泊位等级（万吨）	单位用地指标（公顷/泊位）
集装箱	1～2.5	17～22
	≤1	<17
件杂货	1～2.5	19～21
	≤1	<19
散货	1～2.5	16.5～20
	≤1	<16.5
原油化工	1～2.5	16.5～20.5
	≤1	<16.5

二、案例分析与修正

天津港按吞吐量位列中国第三大海港，故控制指标高于位列第五的江苏，而广州的土地等别高于天津市，其用地指标比天津市更为严格，因此，天津市海港码头项目用地标准的初始值介于广州和江苏用地指标值之间，符合天津市海港实际用地情况，合理可行，故不对其进行修正，初始值即为天津市海港码头项目建设用地使用标准最终值。

参考文献

[1] 埃比尼泽·霍华德. 金经元（译）. 明日的田园城市[M]. 北京：中国城市规划设计研究院情报所，1987.

[2] 班茂盛，方创琳，宋吉涛. 国内外开发区土地集约利用的途径及其启示[J]. 世界地理研究，2007，16（3）：45～50.

[3] 毕宝德. 土地经济学. 北京：中国人民大学出版社，1991：139～141.

[4] 陈基伟. 国内外土地使用标准体系借鉴[J]. 科学发展，2014（5）：47～53.

[5] 陈基伟. 土地使用标准体系亟需修订[J]. 居业，2014（8）：36.

[6] 陈钶斯. 报酬递减规律在土地集约利用中的应用[J]. 商业文化：学术版，2008（6）：152.

[7] 陈月. 博弈的设计：面向土地发展权共享的空间治理[J]. 城市规划，2015（11）：78～84，91.

[8] 封吉昌. 国土资源实用词典[M]. 武汉：中国地质大学出版社有限责任公司，2011.

[9] 高振宇，吴学瑜，李宁. 天津市1999～2009年新增建设用地时空分析——以环城四区和滨海新区为例[J]. 华北国土资源，2014（03）：58～60，62.

[10] 国土资源部土地利用管理司，土地资源部土地整理中心. 土地使用标准汇编（上、下）[M]. 北京：中国大地出版社，2013.

[11] 黄季焜，朱莉芬，邓祥征. 中国建设用地扩张的区域差异及其影响因素[J]. 中国科学：D辑，2007，37（9）：1235～1241.

[12] 江伟钰，陈方林. 资源环境法词典[M]. 北京：中国法制出版社，2005.

[13] 理查得·T. 伊利，爱德华·W. 莫尔豪斯. 滕维藻（译）. 土地经济学原理[M]. 北京：商务印书馆，1982：66.

[14] 梁仁旭. 房价、地价与建物价值之折旧效果分析[J]. 华中科技大学学报（社会科学版），2015（1）：118～125.

[15] 廖永林，雷爱先，陈景. 守好土地闸门，还须标准管控——《国土资源部关于严格执行土地使用标准大力促进节约集约用地的通知》解读[J]. 国土资源通讯，2012（17）：25～27.

[16] 林国斌，蔡为民，吴云青，等. 天津市城乡建设用地增减挂钩潜力测算[J]. 中国土地科学，2012，26（6）：68～72.

[17] 刘海龙. 从无序蔓延到精明增长——美国"城市增长边界"概念述评[J]. 城市问题，2005（3）：78～82.

[18] 刘虹吾，蔡为民，张磊. 天津市城市建设用地集约利用空间差异研究——基于天津

市外环线内外的差异分析[J]. 东南大学学报（哲学社会科学版），2013，S2：86~91.

[19] 刘金岭. 天津市耕地保护现状和对策研究[D]. 天津师范大学，2012.

[20] 刘晶. 基于 GIS 的天津市土地利用/覆被变化及其土地利用效率评价[D]. 辽宁师范大学，2013.

[21] 罗明，杨红. 严格土地使用标准促进节约集约用地[J]. 国土资源，2014（12）：37~38.

[22] 马克伟. 土地大辞典[M]. 长春：长春出版社，1991：838~839.

[23] 马梅，严金明，夏方舟. 国土资源标准体系：发展梳理与建设导向[J]. 科学经济社会，2015（04）：87~92.

[24] 闵敏. 天津市高校教育用地集约利用评价与对策研究[D]. 天津师范大学，2013.

[25] 齐美玲. 土地政策参与宏观调控的绩效评价研究[D]. 东北农业大学，2012.

[26] 邱道持. 土地资源学[M]. 西南师范大学出版社，2005.

[27] 申文金，马梅. 集约不集约，标准说了算[J]. 中国土地，2013（07）：8~10.

[28] 石吉金，林健宸. 我国自然资源节约集约利用制度改革策略探析[J]. 中国国土资源经济，2015（08）：34~36.

[29] 孙东升. 工业项目建设用地控制指标管理实践研究——以大连长兴岛经济技术开发区为例[J]. 上海国土资源，2014，35（1）：23~26.

[30] 孙习稳. 土地政策参与宏观调控理论研究[D]. 中国地质大学（北京），2007.

[31] 覃莉. 锻造供地标准"硬杠杠"——论工程项目、工业项目建设用地指标的编制[J]. 中国土地，2012（11）：20~22.

[32] 陶志红. 城市土地集约利用几个基本问题的探讨[J]. 中国土地科学. 2000（9）：45~51.

[33]《天津市新增建设用地批后监管办法》[J]. 城市规划通讯，2009（12）：11.

[34] 田春华. 走节地高效的工业化道路——国土资源部土地利用司有关负责人谈新修订的《工业项目建设用地控制指标》[J]. 国土资源通讯，2008（4）：24~25.

[35] 王春霞，杨庆媛，印文.《工业项目建设用地控制指标（试行）》分析[J]. 西南农业大学学报（社会科学版），2005，3（4）：20~23.

[36] 王静，邵晓梅. 土地节约集约利用技术方法研究：现状、问题与趋势[J]. 地理科学进展，2008（03）：68~74.

[37] 王磊，郭灿，李慧明. 基于信息熵的天津市建设用地演化与驱动因素分析[J]. 资源开发与市场，2016（01）：18~21.

[38] 吴良镛. 人居环境科学导论[M]. 中国建筑工业出版社，2001.

[39] 谢敏，郝晋珉，丁忠义，等. 城市土地集约利用内涵及其评价指标体系研究[J]. 中国农业大学学报，2006，11（5）：117~120.

[40] 徐敦楷. 顶层设计理念与高校的科学发展[J]. 中国高等教育，2008（22）：11~13.

[41] 许熙巍. 生态安全目标导向下天津市中心城区用地优化研究[D]. 天津大学，2012.

[42] 许耀桐. 顶层设计内涵解读与首要任务分析[J]. 人民论坛（中旬刊），2012（6）：8~9.

[43] 薛春璐. 城镇集约用地标准设计方法与支持工具研发[D]. 中国地质大学，2015.

[44] 杨广军. 刍论工业项目建设用地控制指标管理[J]. 资源与人居环境，2012（9）：30～33.

[45] 叶天泉，刘莹，郭勇，等. 房地产经济辞典[M]. 沈阳：辽宁科学技术出版社，2005：14.

[46] 叶原源. 城市发展理念演进中的综合性宜居社区规划[D]. 华南理工大学，2012.

[47] 俞静燕. 浙江省工业项目建设用地控制指标研究[J]. 中国房地产（学术版），2013（11）：31～39.

[48] 张五九，吴志华，宋新保. 严格把控土地使用标准，着力促进节约集约用地[J]. 城市建设理论研究（电子版），2013.

[49] 张晓洁，张志升，徐喆. 天津市工业项目建设用地控制标准研究——以汽车制造业为例[J]. 国土与自然资源研究，2014（06）：21～25.

[50] 张雁. 建设用地指标存在问题的研究[J]. 南方国土资源，2012（9）：22～23，26.

[51] 赵飞燕，余瑞雪. 天津市城市建设用地集约利用影响因素研究[J]. 中国校外教育，2013（12）：9，21.

[52] 赵飞燕. 天津市城市建设用地集约利用影响因素研究[D]. 华中农业大学，2011.

[53] 赵民，汪军. 重构我国城市规划建设用地标准及控制体系的探讨[J]. 城市规划学刊，2008（6）：29～35.

[54] 郑新奇. 节约集约：从理念走向实践[J]. 中国土地，2012.

[55] 周泽兵，邓世军，窦华成. 天津市"十二五"期间建设用地需求量影响因子分析和预测模型研究[J]. 测绘通报，2013（02）：82～85.

[56] Burgess E. W. The Growth of the City: An Introduction to a Research Project[M]. Urban Ecology. Springer US, 2008:47-62.

[57] Ozcan Z, Gultekin N T, Dundar O. Sustainability versus development: Mudanya's war of survival as a liveable city[J]. European Regional Science Association ,1998.

[58] Parnell S, Pieterse E. The "Right to the City": Institutional Imperatives of a Developmental State[J]. International Journal of Urban & Regional Research, 2010, 34(1):146-162.

[59] Yuan Z, Zheng X, Lv L, et al. From design to digital model: A quantitative analysis approach to Garden Cities theory[J]. Ecological Modelling, 2014, 289(1793):26-35.